ॐ

श्री मात्रे नमः

SAGESSE ÉTERNELLE

Entretiens avec
SRI MATA AMRITANANDAMAYI DEVI

TOME I

Propos recueillis par
Swami Jnanamritananda

Traduction anglaise
M. N. Namboodiri

Traduction française
M. A. MATH, Amritapuri

MATA AMRITANANDAMAYI MISSION TRUST
Amritapuri P.O., Kollam 690 525, Kérala, Inde

Titre original anglais : Eternal Wisdom, Volume I

SAGESSE ÉTERNELLE Tome I, *propos recueillis par Swami Jnanamritananda*

Publié par
Mata Amritanandamayi Mission Trust
Amritapuri P. O., Kollam Dist.,
Kérala, INDE 690 525

Première Édition : Octobre 1997, 1000 copies.
Deuxième Édition : Juillet 1999, 1000 copies.

Eternal Wisdom (French)

Également Disponible à
Association Maison Amrita, 32 rue du Moulin de la Pointe
F-75013 Paris, FRANCE
Tél.: (0033) 01.45.80.39.42

Mis en Page sur Ordinateur à
Amrita DTP, Amritapuri.

Imprimé en Inde sur Offset à
Amrita Offset Printers, Amritapuri.

ISBN 2-913219-06-3
EAN 9782913219069

om
dhyāyāmo dhavalāvaguṇṭhanavatīṁ
tejomayīm naiṣṭhikīṁ
snigddhāpāṅga-vilokinīm-bhagavatīm
mandasmita śrī-mukhīm
vātsalyāmṛta-varṣiṇīm-sumadhuraṁ
saṇkīrttanālāpinīṁ
śyāmāṅgīṁ madhusikta-sūktim
amṛtānandātmikām-īśvarīṁ

Amma,

Puisse chacune de mes actions être adoration
et abandon total de moi-même,
Que chaque son qui sort de mes lèvres,
soit une psalmodie de Ton puissant mantra,

Que chaque geste de mes mains
soit un mudra, un hommage sacré,

Que chacun de mes pas me fasse faire
le tour de Ton Être,

Quand je mange ou je bois
que ce soit une offrande à Ton feu sacré,

Que mon repos soit prosternation,

Amma,
Que chacun de mes actes et de mes bonheurs
Soit adoration.

—Sri Shankara
Saundarya Lahari

Ce livre —un recueil contenant une parcelle de Ses paroles d'ambroisie — est offert avec amour aux Pieds de Lotus d'Amma.

Nous remercions chaleureusement tous nos frères et sœurs, enfants d'Amma, qui ont participé à la composition et à la publication de ce livre.

— *Swami Jnanamritananda Puri*

Table des Matières

Liste des Chants

Avant-propos

Bien rares sont les *Mahatmas* (grandes âmes) capables de voir l'univers entier contenu dans l'Atman (le Soi) et l'Atman à l'intérieur de l'univers. Même si on les reconnaît, ils ne sont pas forcément enclins à communiquer avec nous ou à nous conseiller, car ils reposent dans l'éternel silence du Soi. C'est donc une très grande chance pour nous de rencontrer un *Mahatma* pleinement réalisé qui soit prêt à nous guider et à nous discipliner avec le tendre amour d'une mère et la compassion inexplicable d'un *guru*. Aujourd'hui, partout dans le monde, le *darshan* et les paroles d'ambroisie de Sri Mata Amritanandamayi Dévi transforment la vie de centaines de milliers de gens. Ce livre, bien qu'incomplet, est un précieux recueil de conversations entre Amma et Ses disciples, Ses dévots ou des visiteurs. Il couvre la période allant de juin 1985 à septembre 1986.

La sagesse des *Mahatmas*, dont la mission est d'élever le monde, a une signification à la fois présente et intemporelle. Bien qu'ils mettent en lumière des valeurs éternelles, ils sont en harmonie avec l'époque dans laquelle ils vivent et leurs paroles s'accordent aux battements de cœur de ceux qui les écoutent.

Amma prononce Ses paroles immortelles, qui transforment la société, à une époque où l'être humain a perdu valeurs traditionnelles, nobles sentiments et paix de l'esprit dans une tentative frénétique pour s'investir dans le monde extérieur du pouvoir, du prestige et des plaisirs sensoriels. Tandis qu'il poursuit, insensé, ces distractions, il demeure ignorant de son propre Soi, ce qui le prive de l'harmonie et de la beauté de la vie. Le manque de foi, la peur et les rivalités ont détruit les liens personnels et les relations familiales. L'amour n'est plus qu'un mirage dans une société vouée à une consommation excessive.

L'amour désintéressé pour Dieu laisse la place à une dévotion motivée uniquement par les désirs. L'être humain accorde une importance démesurée à l'intellect qui cherche le profit immédiat, tandis qu'il néglige la gloire durable que lui promet la véritable sagesse. Les principes spirituels supérieurs et les nobles expériences, au lieu d'être vécus, restent lettre morte. C'est à un tel tournant qu'Amma nous parle un langage de pure dévotion, une langue du cœur, faite de sagesse et de l'amour qui est toute Sa vie. Ses paroles d'ambroisie ont une valeur à la fois présente et éternelle.

La sagesse d'Amma, qui a personnellement écouté les innombrables problèmes de centaines de milliers de personnes, montre Sa profonde connaissance de la nature humaine. Elle connaît les besoins des gens et Se met au niveau du rationaliste, du croyant, du scientifique, de l'homme ordinaire, de la femme au foyer, de l'homme d'affaires, de l'érudit et de l'illettré pour donner à chacun, homme, femme ou enfant, la réponse adéquate, qui répond à son attente.

Amma montre l'exemple de Sa vie et déclare : « Voyant en tout la Vérité, ou Brahman, Je Me prosterne devant cette Vérité. Je sers chacun, ne voyant en lui que le Soi. » Elle accepte l'*advaïta* (la non-dualité) comme la vérité ultime ; mais le chemin qu'Elle indique à la plupart de Ses dévots est une combinaison harmonieuse de *mantra japa*, méditation sur une forme divine, chant dévotionnel, *archana* (litanies), satsang et service désintéressé au monde.

Ses conseils ne sont pas théoriques, mais tout à fait pratiques et enracinés dans la vie quotidienne. Ses instructions mettent en lumière la nécessité d'un entraînement spirituel et d'une *sadhana* (pratique spirituelle) dans la vie de l'individu et dans la sociétéÈ; elles soulignent le rôle du service désintéressé dans la quête du Soi, l'importance de la prière sincère, effectuée avec dévotion et amour pur. Amma Se préoccupe également de questions concernant le code de conduite des familles, les problèmes de la vie quotidienne, le *dharma* de la relation entre homme et femme et des indications pratiques pour les chercheurs spirituels, énonçant parfois des énigmes de nature philosophique.

Nous L'entendons exhorter Ses enfants à suivre la voie de la spiritualité, à renoncer au luxe, à éliminer les mauvaises habitudes et à servir ceux qui souffrent : « Mes enfants, le vrai but de la vie est de réaliser Dieu. » La spiritualité n'est pas la foi aveugle ; c'est l'idéal qui disperse les ténèbres. C'est le principe qui nous enseigne à accueillir des circonstances adverses ou un obstacle avec le sourire. C'est un enseignement pour le mental. Amma nous montre que nous ne pouvons utiliser nos autres connaissances sans acquérir ce savoir.

La sagesse infinie d'Amma s'exprime à travers Ses paroles de réconfort aux malheureux, Ses réponses aux curieux en matière de spiritualité et les instructions qu'Elle donne parfois à Ses disciples. Chaque réponse correspond à la nature et à la situation de celui qui pose la question. Même quand ce dernier est incapable d'exprimer pleinement son idée, Amma, qui connaît le langage du cœur, donne la réponse adéquate. Ceux qui viennent à Elle reçoivent souvent des réponses à leurs doutes avant d'avoir eu l'occasion de les exprimer.

Répondant à la question d'une personne, Elle en profite souvent pour glisser un conseil à un auditeur silencieux. Lui seul comprendra que cette réponse était pour lui. Il faut garder cela en mémoire lorsqu'on étudie l'enseignement d'Amma.

Les paroles d'un *Mahatma* possèdent plusieurs niveaux de signification. Nous devons les intégrer à celui qui nous correspond. Une histoire bien connue des Oupanishads raconte que quand le dieu Brahma prononça le mot « da », les démons l'interprétèrent comme une invitation à plus de compassion (daya), les humains comme un appel à donner (dana) et les êtres célestes comme une injonction à pratiquer la modération (dama).

Comme il est doux d'écouter Amma, de La regarder parler avec des gestes et des expressions vivantes, dans un langage simple qu'embellissent des histoires venant à point et des analogies tirées de la vie quotidienne. L'amour qui brille dans les yeux d'Amma, Son visage radieux et plein de compassion s'impriment dans le cœur des auditeurs et deviennent sujets de méditation.

Il n'y a aucune pénurie en matière de littérature spirituelle aujourd'hui ; la triste réalité demeure néanmoins que les gens parlent des nobles idéaux sans les mettre en pratique. Mais Amma parle en Se fondant sur Son vécu. Jamais Elle ne donne un conseil dont Sa propre vie ne montrerait pas l'exemple. Elle nous rappelle souvent que principes spirituels et *mantras* ne sont pas faits pour rester sur nos lèvres, mais pour s'exprimer aussi à travers notre vie. Amma n'a jamais étudié les Écritures ni suivi l'enseignement d'un *guru*. La source secrète des principes spirituels profonds qui jaillissent d'Elle sans arrêt, c'est Son expérience directe du Soi.

La vie des *Mahatmas* est le fondement même des Écritures. Quand Amma affirme : « Le monde entier appartient à celui qui connaît la Réalité. », « La sollicitude envers les pauvres est notre devoir envers Dieu. », « Si vous prenez refuge en Dieu, Il vous donnera ce dont vous avez besoin quand vous en aurez besoin. », ces paroles reflètent Sa vie. Chacun de Ses mouvements est une danse de compassion pour le monde entier et une déclaration d'amour pour Dieu. Amma Se fonde sur cette unité entre pensée, parole et action, lorsqu'Elle affirme que Ses enfants n'ont pas besoin d'étudier les Écritures s'ils analysent Sa vie et l'étudient avec soin. Amma brille au milieu de notre société comme l'incarnation vivante du Védanta.

Les *Mahatmas*, qui sanctifient le monde par leur présence, sont des *tirthas* (lieux sacrés de pèlerinage) incarnés. De même que les pèlerinages et la fréquentation régulière des temples purifient notre mental, lorsque nous les pratiquons pendant plusieurs années, un seul *darshan*, un contact ou une parole d'un *Mahatma* nous sanctifie et dépose en nous le germe d'un *samskara* élevé.

Les paroles d'un *Mahatma* ne sont pas de simples sons, mais l'expression de leur grâce. Leurs paroles ont pour but d'éveiller la Conscience, même chez quelqu'un qui les écoute sans en comprendre le sens. Lorsqu'elles nous parviennent sous la forme d'un livre, leur étude devient le plus grand des *satsangs*, la plus grande des méditations. Les *Mahatmas* comme Amma, qui ont l'expérience de la Réalité, transcendent le temps et l'espace. Lire ou entendre Ses paroles immortelles nous permet de maintenir avec Elle un lien intérieur invisible et nous prépare à recevoir Sa bénédiction. C'est là que réside la valeur de cette étude.

Nous offrons humblement ce recueil de paroles immortelles aux lecteurs, en priant pour que cette lecture les incite à s'inspirer des nobles idéaux spirituels dont la vie d'Amma est l'exemple parfait et à progresser sur le chemin de l'ultime Vérité.

Les éditeurs

Chapitre Un

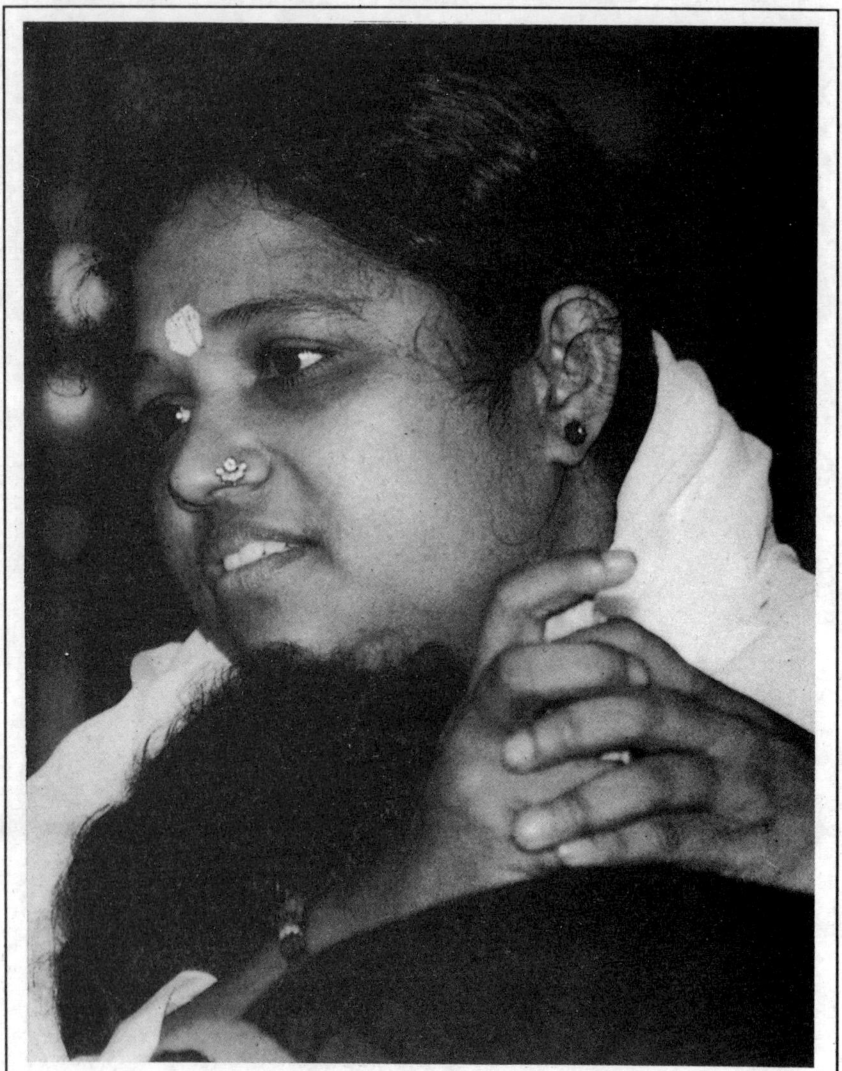

1

Lundi 3 juin 1985

Le jour naissant perçait le dais de palmes de cocotiers qui ombrage le terrain de l'Ashram. On pouvait entendre, venant de la chambre d'Amma, la douce mélodie de la tamboura. Depuis qu'un dévot Lui en avait fait cadeau, peu de temps auparavant, Amma en jouait un bon moment le matin. Elle ne prend l'instrument qu'après l'avoir touché et salué avec respect, et S'être prosternée devant lui. Elle Se prosterne de nouveau en le reposant.

Pour Amma, tout est une forme de Dieu. Elle nous dit souvent de considérer tous les instruments de musique comme une incarnation de Dévi Sarasvati. Pendant les *bhajans*, il est impossible de dire exactement à quel moment Elle repose les petites cymbales dont Elle joue, tant Elle y met de respect et d'attention.

La Mère qui jamais ne se repose

Amma arriva dans la hutte de *darshan* peu après neuf heures du matin. Plusieurs dévots L'y attendaient déjà.

Amma : « Mes enfants, cela fait longtemps que vous attendez ? »

Un dévot : « Juste un petit moment. Nous avons eu beaucoup de chance, aujourd'hui, car nous avons entendu Amma jouer de la tamboura. »

Amma : « Amma perd alors la notion du temps. Elle n'a pas eu le temps de dormir après le *bhava darshan* de la nuit dernière. Elle avait beaucoup de lettres à lire, et lorsqu'Elle eut fini, il faisait jour. Gayatri L'a priée plusieurs fois d'aller dormir, mais Amma répondait toujours : « Une lettre encore, rien qu'une. » Puis, voyant la lettre suivante, Elle ne pouvait S'empêcher de l'ouvrir et de la lire. La souffrance de ces enfants Lui perçait le cœur. Beaucoup d'entre eux n'attendent pas même une réponse ; ils désirent simplement Lui confier leur chagrin. Comment pourrait-Elle ignorer leur prière ? Quand Elle pense à leur douleur, Elle oublie complètement Ses propres difficultés.

« Quand Amma eut terminé, il faisait jour. Elle ne S'est pas couchée. Après Sa douche, Elle a éprouvé le besoin d'être seule et S'est mise à jouer de la tamboura. Cette sonorité captive Son mental. Lorsqu'Elle joue, Elle n'a pas conscience du temps qui passe. Quand la pendule a sonné neuf heures, Elle S'est souvenue de vous, Ses enfants, et est immédiatement descendue ! »

Il n'y avait rien d'inhabituel à l'emploi du temps d'Amma ce jour-là. La plupart des journées se déroulent ainsi. Elle n'a souvent pas le temps de dormir ni de manger. Les nuits de *bhava darshan*, il est fort tard quand Elle rentre dans Sa chambre et Elle Se met alors à lire les lettres, toujours nombreuses, qui L'attendent. La plupart de ces lettres racontent des histoires remplies de larmes. Amma les lit toutes avant de Se coucher. Certains jours, Elle a un peu de temps vers midi pour lire. Mais comment trouverait-Elle le moyen de Se reposer, quand Elle accorde tant d'attention aux problèmes de Ses enfants, qui sont plusieurs centaines de milliers ? Il est rare qu'Elle puisse dormir plus de deux heures. Parfois, Elle ne prend aucun repos. Mais quand Elle Se rappelle que les dévots l'attendent, Elle oublie tout et Se hâte de descendre les escaliers. Toute lassitude disparaît alors de Son visage.

Conseils aux chefs de famille

Une jeune femme aux vêtements tachés, la chevelure en désordre, vint se prosterner devant Amma. Elle tenait dans les bras un bébé. Son visage était marqué par le chagrin.

Amma : « Tu pars aujourd'hui, Ma fille ? »

La dévote : « Oui, Amma, cela fait trois jours maintenant que j'ai quitté la maison. »

Elle posa la tête sur la poitrine d'Amma et se mit à sangloter. Amma lui releva la tête et essuya ses larmes en disant : « Ne t'inquiète pas, Ma fille, tout ira bien. »

La femme se prosterna de nouveau et partit.

Un dévot : « Je connais cette jeune femme, elle a beaucoup changé. »

Amma : « Son mari avait un bon emploi, mais il s'est mis à avoir de mauvaises fréquentations et à boire. Il n'eut bientôt plus d'argent liquide et lui demanda ses bijoux pour payer l'alcool qu'il consommait[1]. Comme elle hésitait, il l'a battue. Par peur des coups, elle a fini par tout lui donner. Il a vendu les bijoux et dépensé tout l'argent à boire. Il rentrait ivre toutes les nuits, la tirait par les cheveux et la battait. Voyez dans quel état elle est maintenant, après avoir reçu tant de coups ! Il y a quelques jours, ils se sont battus pour la petite chaîne en or que le bébé porte autour du cou et elle en est sortie bien mal en point. Alors elle a pris le bébé et est venue se réfugier ici. Ils formaient une famille si heureuse, au début. Quel bien une drogue peut-elle nous apporter ? La santé, la richesse et la paix du foyer, tout est perdu. »

Une autre dévote : « Un de nos voisins boit. Récemment, il est rentré ivre, a attrapé sa fille, un bébé d'un an et demi, et l'a violemment jetée par terre. Quel être sain d'esprit serait capable d'une chose pareille ! Sa femme est dans un triste état, avec tous les coups qu'elle prend. »

Amma : « Mes enfants, quand un homme est abruti par l'alcool, il est incapable de reconnaître sa femme ou ses enfants. Il a peut-être participé à une bagarre avant de rentrer. Quelle joie nous apporte donc l'alcool ? Nous nous contentons d'imaginer que les drogues nous apportent du plaisir. Le bonheur se trouve-t-il donc dans le tabac, l'alcool ou les stupéfiants ? Certaines personnes dépensent plusieurs centaines de roupies par mois en cigarettes. Cette somme suffirait à financer les études d'un enfant. Ces drogues nous permettent peut-être de tout oublier pendant un bref moment, mais en réalité, elles privent

[1] En Inde, les bijoux font partie de la dot de la femme et sont sa propriété personnelle, son assurance vieillesse, etc. Le mari n'a en principe pas le droit de l'en déposséder.

notre corps de sa vitalité, ruinent notre santé, et nous conduisent à une mort prématurée. Ceux qui devraient être le soutien de leur famille et du pays finissent au contraire par se détruire eux-mêmes et par nuire aux autres. »

Un dévot : « Amma, pourquoi ces gens se détruisent-ils consciemment ? »

Amma : « Mes enfants, c'est la quête égoïste du plaisir qui pousse un homme à fumer et à boire. Il pense que cela le rend heureux. Nous devons expliquer aux gens les principes de la spiritualité. Mais pour cela, il nous faut vivre en accord avec ces principes. Alors les autres nous imiteront. Leur cœur en sera transformé et leur égoïsme diminué.

« Nous voyons des gens dépenser des milliers de roupies pour s'entourer de confort, d'une splendeur excessive alors que leur voisin n'a peut-être rien à manger ou que le mariage d'une jeune fille est annulé parce que ses parents n'ont pas les mille roupies qui constitueraient sa dot. Dans une autre famille, une belle-fille est renvoyée chez elle parce qu'elle n'a pas reçu une part assez importante de l'héritage de son père. Mais au même moment, les voisins dépensent des millions pour le mariage de leur fille. Ceux qui ont les moyens, mais ne veulent pas aider ceux qui sont dans le besoin, font le plus grand mal à la société. Ils trahissent aussi leur âme. »

Mener une vie spirituelle pour purifier sa conduite

Le visage d'Amma prit une expression sérieuse. Elle dit d'une voix ferme : « Mes enfants, seules des pensées spirituelles peuvent transformer un mental égoïste et le rendre généreux. Par exemple : « Nous sommes tous le même Soi ; nous sommes tous les enfants de la même Mère, la Mère de l'univers. Nous respirons tous le même air. » « Quand je suis né, je n'avais ni nom, ni caste. La caste et la religion sont venues bien après, mon devoir est donc de rompre ces barrières et d'aimer chacun comme mon frère ou ma sœur. Je ne pourrai trouver le bonheur qu'en aimant et en aidant les autres. La véritable adoration de Dieu est d'aider ceux qui souffrent. » Telles sont les pensées qu'il s'agit d'entretenir ; elles ouvriront notre cœur et élèveront notre conscience. Lorsque nous aurons saisi ces principes, notre caractère se transformera en profondeur et nous serons pleins de compassion.

« De nos jours, la plupart des gens ne se préoccupent que du « moi » et du « mien ». Ils ne songent qu'à leur propre bonheur et à celui de leur famille. C'est la mort. Cela amènera leur destruction et celle de la société. Mes enfants, nous devons leur expliquer : « Ce n'est pas ainsi qu'il faut vivre ! Vous n'êtes pas de petites mares stagnantes et polluées, vous êtes des rivières destinées à couler pour le bien du monde. Vous n'êtes pas nés pour souffrir, mais pour connaître la béatitude ! »

« Lorsque l'eau de la mare est reliée à une rivière, elle est purifiée ; si elle est reliée à un égout, elle devient encore plus sale. L'égout est l'attitude égoïste du « moi » et du « mien ». La rivière est Dieu. Enfants, prenons refuge en Dieu. Que la vie nous apporte gain ou perte, cette attitude nous sera bénéfique. En prenant refuge en Dieu, nous trouverons la joie et la paix de l'esprit. La paix et la prospérité augmenteront dans notre famille et dans le monde. »

Regardant un dévot assis non loin de là, Amma dit : « Quand ce fils est venu voir Amma pour la première fois, il était si saoul qu'il était inconscient. Quelques personnes l'ont porté jusqu'ici. » Amma rit.

Le dévot : « Après avoir vu Amma, j'ai arrêté de boire. Certains de mes amis ont fait de même en voyant cela. Maintenant je ne peux même plus entendre parler d'alcool. »

Amma : « Mon fils, lorsque tu as changé, cela en a influencé d'autres, n'est-ce pas, apportant la paix à leur famille ? Enfants, nous naissons et nous procréons. Mais en-dehors de cela, que faisons-nous pour le bien du monde ? Il est vrai que nous prenons soin de notre famille, mais n'est-ce pas là simplement notre devoir ? Si nous nous contentons de cela, comment pouvons-nous être en paix ? Lorsque la mort arrivera, serons-nous satisfaits ? En vivant sans connaître les principes d'une vie juste, nous souffrons et faisons de plus souffrir les autres. Nous mettons au monde des enfants qui connaissent à leur tour la douleur et la peine. Voilà bien la vie, de nos jours, n'est-ce pas ? »

Un dévot : « Amma veut-Elle dire que nous ne devrions avoir ni femme ni enfants ? »

Amma : « Non, ce n'est pas ce qu'Elle entend. Nous devrions atteindre la paix dans cette vie, au lieu de vivre comme un animal. Au lieu de courir après le plaisir, il s'agit de comprendre quel est le but de la vie et de nous y consacrer. Menez une vie simple. Distribuez aux autres ce qui vous reste après avoir pourvu à vos propres besoins. Vivez sans faire de mal à autrui et enseignez aux autres ces mêmes principes. À nous de contribuer à créer une culture où ils fleuriraient. Sachons être bons et vertueux. Que nos cœurs deviennent meilleurs afin que nous aidions les autres à le devenir eux aussi. Voilà ce qui est nécessaire. Si nous agissons ainsi, nous connaîtrons toujours la joie et la paix, même si le confort extérieur nous manque.

« Si nous ne pouvons pas aider les autres, nous devrions au moins éviter de leur faire du mal. Cela est en soi un grand service. Mais ce n'est pas suffisant. Essayez de vous investir dans des activités qui bénéficieront à autrui. Contentez-vous du strict nécessaire et n'entreprenez rien de superflu. Nourriture, pensées, sommeil et paroles, tout devrait être limité à l'essentiel. Si nous adoptons cette discipline, notre mental ne nourrira que de bonnes pensées. Ceux qui vivent ainsi, loin de polluer l'atmosphère, la sanctifient. Nous devrions les considérer comme des modèles. »

Les visages, éloquents, montraient à quel point les conseils d'Amma en vue du bien-être des individus et de la société avaient ému les dévots. Ils sentaient qu'Elle leur indiquait clairement la manière de mener désormais leur vie. Ces précieux instants passés en Sa compagnie leur laissaient un sentiment de plénitude ; ils se prosternèrent devant Elle avant de partir.

Lundi 10 juin 1985

À dix heures du matin, quelques *brahmacharis* et dévots étaient assis avec Amma devant le *kalari* (le vieux temple). À droite de l'édifice se dressait le petit bâtiment abritant le bureau, la bibliothèque, la cuisine et le réfectoire. À l'arrière se trouvaient trois petites chambres pour les *brahmacharis*. La famille d'Amma avait vécu dans cette maison avant de déménager. À gauche du *kalari* se trouvait l'école de Védanta, quelques huttes, la chambre d'Amma et la salle de méditation.

Les instructions du *guru*

Amma : « Aujourd'hui, Amma a sévèrement disputé un de Ses fils. » Elle désignait ainsi l'un des *brahmacharis*.

Un dévot : « Pourquoi, Amma ? »

Amma : « Il est allé à Kollam (Quilon) l'autre jour pour faire réparer la voiture. Avant son départ, Amma lui avait recommandé de rentrer le jour même, que les réparations soient terminées ou non. Il est cependant resté à Kollam pour la nuit, parce que la voiture n'était pas prête. Alors quand il est rentré le lendemain, Amma l'a disputé. Hier, il est parti à Kollam sans le Lui dire ou Lui laisser un mot. Aujourd'hui, Amma l'a de nouveau réprimandé. Ce n'est pas agréable pour Amma, mais on voit la qualité d'un chercheur spirituel à sa façon d'obéir. Que peut faire Amma ? Elle semble parfois très cruelle envers Ses enfants.

« Certains malades n'autorisent pas le docteur à leur faire une piqûre, car ils ont peur de la douleur. Mais le docteur sait qu'ils ne guériront jamais sans cela. Il leur fait donc la piqûre, même s'il lui faut employer la force et contraindre le malade pendant le traitement. Si le médecin, par gentillesse, renonçait à agir, le malade pourrait en mourir. Pour qu'il guérisse, le traitement est inévitable. De même, un vrai *guru* s'assure que le disciple lui obéit. C'est indispensable pour qu'il atteigne le but. Le devoir du *guru* est de faire faire au disciple ce qu'il faut.

« Le forgeron chauffe un morceau de fer à blanc et le façonne en lui portant des coups répétés. Ce n'est pas par cruauté, mais pour lui donner la forme désirée. Pour fabriquer une belle fleur en papier, il faut utiliser des ciseaux et tailler dans le papier. De même, si le *guru* réprimande l'élève et le discipline, ce n'est que pour lui révéler la nature du Soi. Toute punition infligée par le Maître est un acte de pure compassion. Le disciple doit développer une attitude d'humilité et d'abandon de lui-même, éprouver le sentiment d'être le serviteur de son *guru*. Alors seulement, il lui accordera sa grâce et l'élèvera jusqu'au monde où il vit. Le disciple doit avoir l'attitude : « Je ne suis rien, Tu es tout. Je ne suis que Ton instrument. »

« Hormis notre ego, tout appartient à Dieu. Seul l'ego nous appartient et il n'est pas aisé de s'en débarrasser. Nous ne pouvons le détruire que par notre obéissance au Maître. Si nous suivons ses instructions et nous soumettons à sa volonté, par sa grâce, l'ego disparaîtra.

« Un tronc d'arbre flottant qui descend la rivière suit le courant. De même, le disciple doit se comporter selon la volonté du *guru*, avec une attitude d'abandon de lui-même et la conviction : « Tu es tout. » C'est la seule façon d'éliminer l'ego.

Quel pouvoir possédons-nous que nous puissions appeler « notre volonté » ? Quelqu'un déclare du haut des escaliers : « Je descends », mais tombe raide mort au bout de dix marches. N'y a-t-il pas d'innombrables exemples comme celui-là ? Si « notre volonté » existait, la personne ne serait-elle pas descendue comme elle l'avait annoncé ? Mais elle n'en a pas été capable. Comprenons donc que tout est la volonté de Dieu. »

Joignant les mains, Amma pria à voix haute : « Ô Dévi, à partir de ce jour, aie la bonté de ne plus m'obliger à réprimander Mes enfants ! Accorde-leur intelligence et discernement ! Accorde-leur Ta bénédiction ! » Amma demeura quelques instants ainsi. Ceux qui L'entouraient se mirent eux aussi à prier, les mains jointes et les yeux fermés.

Océan de compassion

Mardi 11 juin 1985

À quatre heures de l'après-midi, Amma descendit dans la hutte pour donner le *darshan*. Un serpent était venu sur le côté de la hutte et les dévots et *brahmacharis* s'efforçaient de le faire partir. Amma S'approcha et leur dit : « Enfants, ne lui faites pas de mal ! Jetez-lui juste un peu de sable. » Comme s'il avait entendu Ses paroles, le serpent s'éloigna lentement. Les Écritures disent :

Prosternations sans fin à Dévi
Qui réside en tous les êtres
Sous forme de compassion.

Amma S'assit dans la hutte et Se mit à donner le *darshan*.

Venant se prosterner un par un, les dévots déposaient leur fardeau à Ses pieds. Ils lui murmuraient à l'oreille les désirs et les problèmes qui les tourmentaient. Certains fondaient en larmes en La voyant. Ceux qui venaient à Elle, aux prises avec les difficultés de la vie, s'en allaient en paix, heureux.

Les dévots partis, les *brahmacharis* s'assemblèrent autour d'Amma.

Un *brahmachari* : « Amma n'a pas parlé de spiritualité aujourd'hui. »

Amma : « Mon fils, ceux qui sont venus aujourd'hui étaient remplis de souffrance. Un enfant affamé n'a pas besoin d'un discours sur le Védanta ou sur les principes spirituels. Apportons d'abord un peu de soulagement à leur peine. Ensuite, nous pourrons leur parler de spiritualité. Comment pourraient-ils assimiler cela maintenant ?

« Par contre, ceux qui ont soif de Dieu n'aiment pas parler d'autre chose, même quand ils sont confrontés à de grandes souffrances. Dans la joie ou les épreuves, ils conservent une humeur égale. Lorsque le bonheur leur est accordé, ils ne perdent pas la tête à s'en délecter, pas plus qu'ils ne s'effondrent dans les périodes de chagrin. Ils acceptent les deux comme la volonté de Dieu et considèrent joies et peines comme Sa bénédiction. Si une épine vous rentre dans le pied, vous ferez plus attention en marchant et vous éviterez peut-être ainsi un fossé béant devant vous. Dieu nous envoie la souffrance pour nous sauver. Les vrais croyants s'accrochent aux pieds du Seigneur même dans la douleur. Dans leurs prières, ils ne demandent jamais le bonheur. Jamais ils ne songent à leur bien-être personnel. Mais quand un être qui souffre vient à nous, notre devoir est de le réconforter, de prendre le temps de lui dire quelques paroles consolantes. »

Amma éprouve la peine d'autrui comme la Sienne et est ravie de prendre sur Elle le fardeau de ceux qui souffrent. Pour tous, Elle est le feu sacrificiel qui reçoit leur *prarabda* en offrande, la flamme de la lumière et de l'espoir.

Dès qu'Amma sortit du temple après le *bhava darshan*, les dévots L'entourèrent. La plupart d'entre eux voulaient prendre le bus du matin ; ils se pressaient donc fiévreusement autour d'Elle pour se prosterner une dernière fois et recevoir Sa bénédiction avant de partir. Un jeune dévot, cependant, ne s'approchait pas. Seul, à l'écart de la foule, il restait assis sous le porche de la salle de méditation. Un *brahmachari* lui demanda : « Tu ne vas donc pas voir Amma ? »

Le dévot : « Non. »

Bri. : « Alors que tout le monde souhaite approcher Amma et Lui parler, pourquoi t'isoles-tu ? »

Le dévot : « Comme les autres, j'attends d'habitude devant le *kalari* pour être le premier à me prosterner aux pieds d'Amma quand Elle sort. Mais aujourd'hui, ma conscience ne me permet pas de L'approcher. J'ai commis une telle faute. »

Bri. : « Je ne te crois pas. Tu imagines quelque chose. Quelle faute as-tu donc commise, pour que cela t'empêche d'approcher Amma ? »

Le dévot : « J'habite Kollam. Pendant quelques années, je me suis adonné à la boisson, ce qui amenait des disputes avec ma femme. Je l'ai renvoyée chez ses parents. Ma famille et mes voisins me haïssaient. Sans un seul ami au monde, j'avais décidé de mettre fin à mes jours. C'est alors que j'ai eu la chance immense de rencontrer Amma, d'avoir Son *darshan*. Ce fut un tournant dans ma vie.

Après ce premier *darshan*, je cessai de boire. Mon comportement changea complètement et l'opinion des gens à mon sujet aussi. Mais aujourd'hui, j'ai faibli. Je suis allé à un mariage avec des amis, et au retour, ils ont voulu boire. Ils ont insisté pour que je trinque avec eux, et j'ai cédé. Mais ensuite, un sentiment de culpabilité insupportable s'est emparé de moi, et je suis venu tout droit ici. Auparavant, je ne me sentais pas coupable quand je buvais. Mais maintenant, c'est différent. (La voix lui manquait pour continuer). Maintenant, il m'est difficile de regarder le visage d'Amma. »

Bri. : « Ces remords à eux seuls suffisent à expier ta faute. Ne t'inquiète pas. Va tout raconter à Amma et tu seras en paix. »

Le dévot : « Je sais que mon malaise disparaîtra si je me prosterne devant Elle. J'en ai déjà fait l'expérience. Mais ce n'est pas ce qui m'ennuie, en ce moment. Si je rentre chez moi, mes amis ne me laisseront pas tranquille. J'aimerais donc rester ici quelques jours, mais je n'ai pas le courage de demander à Amma. Je me sens si faible d'avoir encore fauté aux yeux de ma Mère, qui répand sur moi plus d'amour que celle qui m'a porté en son sein. »

Ses yeux étaient pleins de larmes. Le *brahmachari* ne trouvait pas les mots nécessaires pour consoler le jeune homme, mais il était présent et comprenait la douleur déchirante de ce cœur si lourd...

Après avoir indiqué aux autres dévots où ils pouvaient dormir, Amma vint trouver le jeune homme. Il se leva aussitôt avec respect, les mains jointes. Amma prit ses deux mains dans les Siennes et dit : « Es-tu si faible, Mon fils ? »

Les larmes roulaient le long de ses joues. Amma les essuya et reprit : « Mon fils, cesse de t'inquiéter. Pourquoi te ronger au sujet du passé ? Si ces gens-là viennent encore te chercher, ne les suis pas, voilà tout. Un perroquet vivait dans un temple, un autre dans un débit de boissons. Tandis que le perroquet du temple récitait des *mantras*, celui du bistrot débitait des obscénités. Mon fils, notre conduite est déterminée par nos fréquentations. Si nous restons assis dans une pièce avec la télé allumée, nous finirons par la regarder. Si nous voulons l'éviter, éteignons ou allons dans une autre pièce. Si nous sommes en mauvaise compagnie, nous contracterons des habitudes néfastes. Nous devons donc prendre garde à éviter ceux qui ont des mœurs corrompues. Mon fils, si un problème te préoccupe, tu peux en parler à Amma. Elle est là pour toi. Reste ici quelques jours. Emprunte des livres à la bibliothèque, profites-en pour lire. »

Amma se tourna vers le *brahmachari* : « Prends les dispositions nécessaires pour que ce fils puisse séjourner à l'étage de la maison située au nord de l'Ashram. »

En entendant les paroles si affectueuses de la Mère qui connaît chacune de ses pensées, le jeune dévot ne put s'empêcher de fondre à nouveau en larmes.

De Ses mains si douces, Amma essuya ses larmes et le consola : « Mon fils, va dormir maintenant. Amma te parlera demain. »

Amma envoya le *brahmachari* avec le dévot, puis Se dirigea vers la cocoteraie en compagnie d'une jeune femme qui avait attendu longtemps l'occasion de Lui parler en privé. Quand Elle rentra dans Sa chambre, il était plus de trois heures du matin.

Bhakti yoga

Mercredi 12 juin 1985

Amma entra dans le *kalari*, accompagnée de quatre *brahmacharis* et de quelques chefs de famille dont c'était la première visite à l'Ashram. Amma soulignait combien il est important que notre dévotion envers Dieu soit pure.

Amma : « La prière habituelle d'Amma était : « Ô Dévi, je ne veux que T'aimer. Si je n'obtiens pas Ton *darshan*, je l'accepterai, mais donne-moi un cœur plein d'amour pour tous les êtres ! Si Tu ne m'aimes pas, peu importe, mais je T'en prie, laisse-moi T'aimer ! » Celui qui aime vraiment Dieu semble pris de fièvre. Il n'éprouve aucune attirance pour la nourriture. Il ne savoure ni les plats salés, ni ce qui est acide, et même les sucreries lui semblent amères. Les aliments ne l'intéressent pas. Mais il est rare de nos jours qu'un chercheur éprouve cet amour dès le début. Il est donc nécessaire de contrôler nos différentes habitudes avec *shraddha*[1]. Surtout en matière de nourriture. Si le mental se met à errer vers des objets extérieurs, nous devons sans trêve le ramener à la pen-

1 *Shraddha* signifie en sanscrit la foi enracinée dans la sagesse et l'expérience ; en malayalam, le même mot est employé dans le sens d'une attention vigilante portée à toutes nos actions. Amma utilise souvent ce terme dans le deuxième sens.

sée de Dieu. Il n'y pas de temps à perdre. »

Un dévot : « Amma, je ne perds pas de temps. Soit je viens ici pour Te voir, soit je vais au temple. N'est-ce pas tout ce qui est en mon pouvoir ? »

Amma : « Il est bon de venir ici ou de fréquenter les temples, mais notre but est de purifier le mental. Si nous n'y parvenons pas, tout est vain. Ne crois pas que nous puissions trouver la paix sans rendre nos actions et notre mental purs. Gardons cela en mémoire quand nous rencontrons un *Mahatma* ou entrons dans un temple, et cultivons l'abandon de nous-mêmes. Mais de nos jours, les gens se préoccupent de réserver une chambre d'hôtel avant même de partir en pèlerinage. Dès le départ, ils parlent de leur famille et de leurs voisins. Une fois rentrés chez eux, ils continuent. Dieu, au milieu de tout cela, est oublié.

« Nous aurons beau multiplier les rencontres avec des *Mahatmas*, les visites aux temples, les offrandes, nous ne retirerons un réel bienfait que de notre *sadhana*. Notre cœur doit se mettre à l'unisson du Divin. Il ne suffit pas d'aller à Tiroupatti ou Varanasi pour trouver la libération. Faire le tour des temples ou se baigner dans ces lieux saints ne nous apporte pas forcément de bénéfice matériel ou spirituel. S'il suffisait d'aller à Tiroupatti pour être libéré, tous les hommes d'affaires qui y vivent le seraient aujourd'hui, non ?

« Où que vous alliez, n'oubliez jamais le nom de Dieu. Voyez le fer à béton que l'on mélange au ciment pour construire les routes. Le béton ne prend que si le métal est propre. De même, nous ne pourrons installer Dieu dans le temple de notre cœur que si nous le purifions par le *japa*. Il n'existe pas de meilleur moyen pour purifier le mental que de répéter le nom de Dieu.

« On ne peut voir chez soi les programmes de télé tournés en studio qu'en allumant le poste. Ne serait-il pas stupide de blâmer autrui si vous ne pouvez rien voir alors que le poste est éteint ? La grâce de Dieu s'écoule sans cesse vers nous, mais pour la recevoir, nous devons nous mettre sur la longueur d'onde de Son monde. Quel intérêt y a-t-il à rester enfermé, portes closes, et à se plaindre qu'il fait sombre, alors que le soleil brille au-dehors ? Il suffit d'ouvrir la porte de notre cœur et nous pourrons recevoir la grâce que Dieu répand sans arrêt sur nous.

« Quand il pleut, la terre se transforme en boue, ce qui pose des problèmes à tout le monde ; la pluie qui tombe sur le sable se perd également. Mais la goutte d'eau que recueille l'huître devient une perle sans prix. Dieu ne cesse de répandre Sa compassion sur nous ; le bénéfice que nous en retirons dépend de l'attitude intérieure avec laquelle nous la recevons.

« Enfants, tant que nous ne sommes pas en harmonie avec le monde de Dieu, nous ne produisons que les notes discordantes de l'ignorance et non une musique divine. Il nous faut accepter notre imperfection. Il est inutile de blâmer autrui.

« Nous sommes prêts à attendre le bus pendant des heures ou à passer la journée au Palais de Justice pour un procès. Mais nous n'avons aucune patience lorsque nous rencontrons un *Mahatma* ou allons au temple. Si vous allez dans un ashram ou dans un temple, restez-y un moment et rappelez-vous Dieu avec dévotion. Répétez Son nom, méditez ou bien servez de manière désintéressée. Sinon, vous ne retirerez aucun bienfait de votre visite. »

L'importance de l'attitude intérieure

Amma : « Si notre mental est pur et si nous pensons à Dieu en agissant, Sa grâce sera toujours sur nous, même si nous n'allons jamais au temple. Par contre, si nous ne pouvons nous empêcher d'être égoïste ou de critiquer autrui, d'innombrables visites au temple ne nous seront d'aucune utilité.

« Il était une fois deux voisines. L'une consacrait son temps à adorer Dieu tandis que l'autre était une prostituée. La dévote disait à sa voisine : « Ce que tu fais est un grand péché, qui te conduira en enfer. » La prostituée versait des larmes chaque jour en se rappelant ces paroles et songeait : « Quelle pécheresse je suis ! Je n'ai pas d'autre moyen de vivre, c'est pourquoi je fais cela. Ô Dieu, j'en suis si désolée ! Au moins, dans ma prochaine vie, donne-moi une chance de prier et de T'adorer chaque jour, comme le fait mon amie ! Je T'en prie, pardonne-moi mes péchés ! »

« Même au temple, la voisine continuait à mépriser la prostituée et la vie qu'elle menait. À la fin, les deux femmes moururent et les serviteurs du ciel et de l'enfer arrivèrent. La prostituée allait être emmenée au ciel et la dévote en enfer. La femme soi-disant pieuse ne put le supporter. Elle demanda aux êtres célestes : « Vous emportez au ciel une femme qui toute sa vie a vendu son corps, tandis que chaque jour j'adorais Dieu et priais au temple. Pourtant, vous m'emmenez en enfer. Quelle justice est-ce là ? Vous devez vous tromper. »

« Les serviteurs répondirent : « Il n'y a pas d'erreur. Quand tu étais au temple et faisais la *puja* (culte rituel), tu pensais aux mauvaises actions de la prostituée. Elle, par contre, bien que prostituée, ne s'est jamais identifiée à son travail ; ses pensées étaient tournées vers Dieu. Elle ne passait pas un seul jour sans éprouver de profonds remords pour ses fautes et prier Dieu de lui pardonner. Sa dévotion était sincère, bien qu'elle fût forcée de se prostituer pour vivre. C'est pourquoi elle va au ciel. »

Pour les chercheurs spirituels

Les *bhajans* étaient terminés. Sortant du temple, Amma S'allongea sur le sable entre le *kalari* et la salle de méditation. La cloche du dîner sonna et Elle demanda aux dévots d'aller manger. Un à un, ils s'en allèrent ; seuls un ou deux *brahmacharis* restèrent pour méditer en présence d'Amma.

Après le repas, les dévots revinrent s'asseoir autour d'Elle. Une femme posa les pieds d'Amma sur ses genoux et se mit à les masser.

Amma : « Avez-vous mangé, Mes enfants ? »

Un dévot : « Oui, Amma, nous avons dîné. »

Amma : « À la maison, vous auriez eu de bons petits plats. Il n'y a rien de tel ici. Vous n'êtes sans doute pas rassasiés. »

Un autre dévot : « Nous avons mangé notre content, Amma. La nourriture abondante de notre foyer n'a pas aussi bon goût que ce qui nous est servi ici. »

Amma (riant) : « Mon fils, tu dis cela uniquement par amour pour Amma. » Tout le monde éclata de rire.

Un dévot : « Amma, j'ai une question. »

Amma : « Mes enfants, vous pouvez poser n'importe quelle question à Amma. »

Dévot : « Je T'ai entendu dire l'autre jour à un *brahmachari* que nous devrions faire le vœu d'*ahimsa* (non-violence). Nous ne devrions jamais nous mettre en colère. Même si quelqu'un se met en colère contre nous, l'attitude juste est de voir Dieu en lui et de lui manifester de l'amour. N'est-ce pas bien difficile à mettre en pratique ? »

Amma : « Mon fils, l'important n'est pas de réussir parfaitement, mais de faire un effort sincère. Ceux qui ont voué leur vie à la spiritualité devraient être prêts à effectuer quelques sacrifices. Leur vie est déjà engagée sur ce chemin. Si quelqu'un s'oppose à eux, ils doivent accueillir cela comme une occasion créée par Dieu pour éliminer leur ego. Ils ne devraient pas, sous l'emprise de l'ego, répliquer de manière hostile. Un *sadhak* (un chercheur spirituel) ne peut grandir que s'il voit Dieu en chacun, éprouvant de l'amour et de la compassion. »

Un dévot : « Amma, j'ai renoncé à bien des choses pour l'amour de Dieu, mais je ne trouve pas la paix. »

Amma : « Mon fils, nous parlons de nos sacrifices. Mais que possédons-nous réellement à quoi nous puissions renoncer ? Qu'est-ce qui nous appartient vraiment ? Ce que nous appelons aujourd'hui nôtre ne le sera plus demain. Tout appartient à Dieu. C'est Sa grâce qui nous procure tout. Si quelque chose nous est propre, ce sont nos attractions et nos répulsions ; c'est à cela qu'il nous faut renoncer. Tant que cet attachement demeure, nous aurons beau nous défaire de bien des choses, nous connaîtrons le chagrin. Le vrai renoncement ne se produit que lorsque nous sommes convaincus au tréfonds de nous-mêmes que ni la famille, ni la richesse, ni la réussite sociale ou la célébrité ne nous apporteront une paix durable. Quel est l'enseignement de la Gita ? N'est-ce pas d'agir sans attachement ? »

Le danger de la richesse

Amma raconta alors l'histoire suivante : « Il était une fois un homme riche. Un jour, quelques-uns de ses amis vinrent lui rendre visite. Ils avisèrent un serviteur devant la maison et lui demandèrent où était son maître. Le domestique alla voir, revint, et leur dit que son maître comptait des cailloux. « Comment un homme aussi riche peut-il s'amuser à compter des cailloux ? » s'étonnèrent les invités. Quand leur hôte arriva un peu plus tard, ils lui posèrent la question. Il répondit : « Je comptais de l'argent. Mon valet est-il assez sot pour croire que je comptais des cailloux ? Je suis désolé de ce malentendu. » Après le départ de ses amis, il réprimanda sévèrement son serviteur.

« Quelques jours plus tard, un autre ami vint à son tour voir notre homme. Il demanda au laquais de chercher son maître. S'étant renseigné, le serviteur lui annonça : « Il aime son ennemi. » En réalité, notre amoureux de la richesse comptait son argent avant de le mettre dans un coffre. Il eut le sentiment que le valet l'avait délibérément insulté. Une telle insolence le mit en rage ; il renvoya le domestique après lui avoir donné une bonne raclée. Au moment où il partait, le maître lui donna une poupée en disant : « Si tu trouves quelqu'un de plus stupide que toi, donne-lui cette poupée ! » Le serviteur s'en alla sans répondre.

« Quelques mois passèrent. Une nuit, des voleurs attaquèrent la maison du riche. Ils dérobèrent toute sa fortune. Comme il s'efforçait de les en empêcher, ils le jetèrent du dernier étage de la maison et s'enfuirent en emportant tout. Le lendemain matin, sa famille le trouva gisant sur le sol, devant la maison. Il était incapable de se relever. On essaya différents traitements, mais rien ne lui rendit la santé. Sa fortune s'était envolée, sa femme et ses enfants le quittèrent donc aussi. Il souffrait, et il n'y avait personne pour s'occuper de lui. N'ayant rien à manger, il acceptait ce que les voisins lui donnaient.

« Son ex-serviteur apprit dans quelle situation il se trouvait et vint le voir. Il avait avec lui la vieille poupée. Dès qu'il arriva, il l'offrit à son ancien maître. Celui-ci comprit sa sottise et lui demanda : « Pourquoi mets-tu du sel sur mes blessures ? »

« Le domestique répondit : « Au moins maintenant, tu comprends le sens de mes paroles. La fortune que tu avais amassée a-t-elle aujourd'hui pour toi plus de valeur qu'un caillou ? Cette richesse ne s'est-elle pas avérée ton ennemie ? C'est elle qui t'a réduite à cet état. N'as-tu pas tout perdu à cause d'elle ? Qui est assez stupide pour en faire l'objet de son amour ? Ceux qui jusqu'alors prétendaient t'aimer n'aimaient que ta fortune. Celle-ci disparue, tu es comme mort à leurs yeux. Personne ne t'aime maintenant. Comprends enfin que Dieu est ton seul véritable ami. Appelle-Le à l'aide ! »

« Le serviteur soigna son ancien maître avec beaucoup d'amour. Ce dernier était rempli de remords. « Je ne sais que faire maintenant. La vie que j'ai menée jusqu'ici a été complètement inutile. Je croyais que ma femme, mes enfants et ma richesse ne me quitteraient jamais et je vivais pour eux. Je n'ai pas songé un seul instant à Dieu. Mais maintenant, tout s'est envolé. Ceux qui inclinaient respectueusement la tête devant moi ne m'accordent plus un seul regard. Pour montrer leur mépris, ils crachent à ma vue. »

« Le serviteur le consola : « Ne pense pas que personne ne s'occupe de toi. Dieu est avec toi. »

« Il resta auprès de lui et le soigna. »

Amma S'arrêta. Un homme assis parmi les dévots, au fond, se mit à pleurer. C'était la première fois qu'il rencontrait Amma. Il pleurait amèrement, incapable de dominer son chagrin. Amma l'appela près d'Elle et le consola. Tout en pleurant, il dit : « Amma, Tu viens de raconter ma propre histoire. Ma fortune n'existe plus. Ma femme et mes enfants me haïssent. Ma seule consolation est mon vieux serviteur. »

Essuyant ses larmes, Amma dit : « Ce qui est perdu est perdu, mon fils. Ne t'afflige pas pour cela. Dieu seul est éternel. Tout le reste disparaît un jour ou l'autre. Il suffit que tu vives en gardant cette pensée à l'esprit. Ne t'inquiète pas. »

Amma demanda à Balou de chanter :

Manase nin svantamayi...

N'oublie pas, Ô mon mental,
Cette vérité suprême : personne ne t'appartiens !
Parce que tu agis de façon insensée,
Tu erres dans l'océan de ce monde.
Même si les gens t'honorent en s'écriant :
« Maître, Maître », cela ne durera que peu de temps.

Ce corps si longtemps honoré,
Il faudra le quitter lorsque viendra la fin.

Pour quelle amoureuse as-tu lutté jusqu'à ce jour,
sans prendre soin de ta vie ?
Même elle, ton cadavre lui fera peur,
Et elle ne t'accompagnera pas.

Même si tu es prisonnier du piège subtil de Mâya,
N'oublie pas le nom de la Mère divine.
On ne peut obtenir la vision de Dieu ni par les Védas,
Ni par les Tantras, ni par le Védanta ou
les autres philosophies.
Plongé dans la béatitude éternelle, Dieu,
Dont la nature est vérité, demeure en tous les êtres.

Pour obtenir la dévotion,
Même les anciens sages ont pratiqué l'ascèse
avec un cœur pur.
Comme un aimant attire le fer,
Le Seigneur attirera à Lui les âmes imprégnées de dévotion.

Pouvoir, prestige et richesse, tout est périssable,
La seule réalité est la Mère universelle.
Renonçant à tous les désirs,
Dansons dans cette béatitude
En chantant le nom de mère Kali.

La Mère de l'Univers

Mercredi 19 juin 1985

Un jeune barbu aux cheveux longs arriva à l'Ashram. Il aborda un *brahmachari* et se présenta comme journaliste. « Nous avons entendu au sujet d'Amma des rumeurs contradictoires, bonnes et mauvaises », dit-il. « Je suis venu voir ce qui se passe réellement dans cet ashram. J'ai parlé à un ou deux des résidents. Mais il y a une chose que je ne comprends pas du tout. »

« Quoi donc ? » dit le *brahmachari*.

« Comment des gens instruits comme vous peuvent-ils croire à un dieu humain ? »

Bri : « Qu'entendez-vous par Dieu ? Voulez-vous dire un être muni de quatre bras, portant une couronne et trônant dans un paradis plus haut que le ciel ? »

Journaliste : « Non. Chacun a sa propre conception de Dieu. En général, nous imaginons que Dieu est l'incarnation de toutes les qualités que nous considérons comme sublimes. »

Bri : « Qu'y a-t-il donc d'erroné si nous adorons comme divin un individu dans lequel nous constatons la présence de ces qualités ? Si nous refusons cela, nous limitons Dieu aux statues que l'homme sculpte dans la pierre et installe dans les temples pour les adorer.

« Les textes spirituels de l'Inde déclarent qu'en réalité un être humain, une âme individuelle *(jivatman)*, ne se distingue pas de Dieu et qu'il prend conscience de sa nature divine lorsque son ego (le sentiment d'être limité) est détruit par une pratique ininterrompue. Si l'Absolu omniprésent peut se manifester à travers la divinité d'un temple, pourquoi ne brillerait-il pas chez un individu ? »

Le journaliste ne sut que répondre.

Le *brahmachari* reprit : « Les qualités que les Écritures attribuent à Dieu, l'amour, la compassion, le désintéressement, la faculté de pardonner et un amour égal pour tous, nous les voyons chez Amma. C'est pour cette raison que certains d'entre nous La considèrent comme la Mère de l'univers. D'autres

La voient comme une mère aimante qui nous a accompagnés au cours d'innombrables vies. D'autres encore La voient comme le *guru* qui éveille la connaissance du Soi. Elle ne Se proclame ni Dieu ni *guru* ni quoi que ce soit. Si vous voulez pêcher du poisson dans l'océan, vous aurez du poisson, mais si vous désirez des perles, il est possible d'en obtenir aussi. De même, tout est contenu en Amma. Si nous faisons des efforts, nous obtiendrons ce que nous voulons.

« Le message des Oupanishads est que chacun de nous est l'essence de l'Absolu. Rama, Krishna et Bouddha ne vinrent-ils pas sur cette terre sous une forme humaine ? Si nous les adorons, pourquoi ne pas adorer un être qui manifeste leurs qualités divines et glorieuses tandis qu'Il est parmi nous, sous une forme humaine ? »

Le journaliste : « Ne suffit-il pas de La considérer comme un *guru* ? Pourquoi en faire Dieu ? »

Bri : « C'est juste. Mais les Écritures disent que le Maître n'est autre que Dieu sous forme humaine. D'une certaine manière, notre tradition place le *guru* plus haut que Dieu. »

Amma venait juste d'arriver dans la hutte et Se mit à donner le *darshan* aux dévots. Le *brahmachari* invita le journaliste à s'approcher d'Elle. « Entrons. Vous pourrez poser vos questions directement à Amma. »

Le visiteur s'assit auprès d'Amma et La regarda, étonné, recevoir les dévots un par un, caresser et consoler chacun avec un amour débordant. Lorsqu'on Lui présenta le journaliste, Amma rit.

Amma : « Amma ne lit ni les journaux, ni quoi que ce soit d'autre, fils. La plupart des enfants qui vivent ici ne voient jamais un journal. »

Journaliste : « Je demandais à ce *brahmachari* si Amma était Dieu. »

Amma : « Elle n'est qu'une folle ! Tous ces gens L'appellent Amma, Elle les appelle donc Ses enfants. »

Lorsqu'Elle parle, Amma cache la plupart du temps Sa véritable nature. Pour apprécier ne serait-ce qu'une parcelle de Sa nature innée, il faut avoir acquis un certain discernement spirituel. La plupart des gens s'imaginent un *guru* assis sur un trône splendide, souriant, servi par ses disciples et répandant sa bénédiction sur tous. Ceux qui viennent à l'Ashram se voient contraints d'abandonner cet idéal. Qui rencontre Amma pour la première fois La trouvera plus normale que les gens les plus ordinaires. On peut La voir nettoyer la cour, couper les légumes, cuisiner, montrer leur chambre aux dévots ou charrier du sable. Mais pour celui qui connaît les Écritures, il est aisé de reconnaître la vraie Mère. Son humilité manifeste clairement Sa grandeur.

Un *brahmachari* demanda un jour à Amma : « La plupart des gens, s'ils obtiennent le moindre petit pouvoir occulte, vont partout proclamer qu'ils sont Brahman et acceptent de nombreux disciples. Et les gens leur font confiance. Alors que cela se produit partout, pourquoi Amma leurre-t-Elle Ses enfants en disant qu'Elle n'est rien ? »

Amma donna la réponse suivante : « Les *brahmacharis* qui vivent ici aujourd'hui sont destinés à aller demain dans le monde. Ils doivent devenir des modèles pour la société. Toute parole et toute action d'Amma est pour eux un enseignement.

S'il apparaît même une trace d'ego dans Ses paroles et dans Ses actes, elle sera multipliée par dix en chacun de vous. Vous penserez : « Si Amma peut le faire, pourquoi pas moi ? » Et cela sera nuisible au monde.

« Savez-vous, Mes enfants, combien il est difficile pour Amma de rester à votre niveau ? Un père s'efforce de marcher aux côtés de son petit, en faisant des pas minuscules. Il ne le fait pas pour lui-même, mais pour l'enfant. S'il marche à petits pas, celui-ci pourra le suivre. Le rôle que joue Amma n'est pas pour Elle, mais pour vous tous. C'est pour vous permettre de grandir.

« Quand un enfant a la jaunisse, sa mère évite les épices et le sel dans sa cuisine et cache tout ce qui en contient. Si l'enfant découvrait ces aliments, il pourrait en manger, avoir la fièvre et en mourir. Pour son bien, la mère mange elle aussi des plats sans assaisonnement. Bien qu'elle ne soit pas malade, elle sacrifie ses préférences. De même, les actions et les paroles d'Amma sont pour votre bien à tous. À chaque pas, Elle songe à votre croissance. Pour que le malade accepte le conseil du médecin et cesse de fumer, il faut que le docteur soit lui-même non-fumeur. Si le docteur boit, comment le patient aurait-il envie de renoncer à l'alcool ? Amma n'accomplit rien pour Elle-même ; tout est pour le bien du monde, pour vous aider à progresser. »

Le journaliste demanda à Amma : « Ne jouez vous pas pour tous ces gens le rôle de *guru* ? »

Amma : « Cela dépend de l'attitude de chacun. Amma n'a jamais eu de *guru* et n'a accepté personne comme disciple. Amma se contente de dire que tout arrive conformément à la volonté de la Mère divine. »

Le journaliste : « Un de mes amis est un grand admirateur de J. Krishnamurti. »

Amma : « Bien des enfants qui viennent ici sont ses dévots. Les enfants occidentaux, en particulier, l'apprécient. »

Le journaliste : « Krishnamurti n'accepte pas de disciples. Personne ne vit avec lui. On peut lui rendre visite et lui parler. Une conversation avec lui nous apporte, dit-on, ce que nous recherchons. Sa présence suffit à inspirer les gens. Il est très gai et ne s'entoure pas de l'aura d'un *guru*. »

Amma : « Mais lorsqu'il affirme qu'un *guru* n'est pas nécessaire, c'est un enseignement, n'est-ce pas ? Et si quelqu'un, assis auprès de lui, l'écoute, n'avons-nous pas là un *guru* et un disciple ? »

Le journaliste : « Il ne donne ni conseils, ni instructions. »

Amma : « Mais qu'en est-il de ses discours, fils ? »

Le journaliste : « Ils ressemblent à des conversations et sont très informels. »

Amma : « Aucun *guru* n'insiste pour que nous lui obéissions ou conformions notre vie à ses propos. Mais chacune de ses paroles est une forme d'enseignement. Sa vie elle-même constitue son enseignement. Nous écoutons ce que dit Krishnamurti et en suivant ses préceptes, nous connaîtrons notre vraie nature, n'est-ce pas ? Être prêt à cela, c'est être un disciple. Cela développe en nous l'humilité et les bonnes habitudes. D'ordinaire, seuls les enfants qui grandissent en suivant les conseils de leurs parents deviennent de bons adultes.

« L'obéissance envers nos parents nous insuffle le sens du devoir et de la bonne conduite. Amma ne dit pas que la méthode de Krishnamurti est mauvaise. Il a lu beaucoup de livres, rencontré bien des sages et beaucoup appris d'eux. Il a en outre pratiqué de nombreuses méthodes. Grâce à cela, il est parvenu au niveau où il se trouve et a compris que tout était à l'intérieur de lui-même. Mais mon fils, tu n'as pas atteint ce niveau.

« Aujourd'hui, notre attention est dirigée essentiellement vers les objets extérieurs. Nous ne regardons presque jamais à l'intérieur. Lorsque les enfants sont à l'école, ils ne songent qu'à jouer. Ils travaillent surtout par crainte de leurs parents. Mais dès qu'ils ont un but, par exemple obtenir de bonnes notes à leur examen, devenir ingénieur, etc., ils étudient sans qu'on les y pousse. Bien que nous ayons un but spirituel, notre mental s'en détourne sous la pression des *vasanas* (des tendances latentes). Pour contrôler le mental, un *satguru* (un Maître réalisé) est indispensable. Mais une fois que l'on est parvenu à un certain niveau, aucune aide n'est plus nécessaire. Le *guru* intérieur est alors éveillé.

« Le chant que nous avons appris autrefois, nous l'avons peut-être oublié. Mais si quelqu'un nous en fredonne le début, il nous revient tout entier en mémoire. Ainsi, toute la sagesse est contenue en nous. Le *guru* nous le rappelle ; il éveille ce qui est endormi.

« Lorsque nous déclarons que nous n'avons pas besoin d'un Maître, cela même implique son existence, car après tout, il fallait bien que quelqu'un nous le dise. Le *guru* est celui qui détruit notre ignorance. Tant que notre mental n'a pas acquis une certaine pureté, il est essentiel de passer quelque temps auprès d'un Maître et de suivre ses instructions. Même si vous avez un don inné pour la musique, il ne s'épanouira que si vous vous exercez sous l'égide d'un professeur compétent.

« La capacité des *gurus* ordinaires se limite à expliquer les principes de la spiritualité. Mais un sat*guru*, qui a réalisé le Soi, transmet à ses disciples une partie de son pouvoir spirituel. Cela leur permet d'atteindre le but plus rapidement. Comme la tortue fait éclore ses œufs par le pouvoir de la pensée, les pensées du sat*guru* éveillent le pouvoir spirituel chez le disciple.

« Les *satsangs* et les livres spirituels orientent le mental vers de bonnes pensées. Mais cela seul ne nous permet pas de progresser à un rythme soutenu. Un médecin examine le malade et lui prescrit des médicaments. Mais si une opération est nécessaire, il faut voir un chirurgien. De même, pour purifier le mental, pour avancer vers le but suprême, il nous faut prendre refuge auprès d'un *guru*. »

Le journaliste : « Les Écritures ne disent-elles pas que tout est contenu en nous ? Quelle est donc l'utilité de cette *sadhana* ? »

Amma : « Bien que tout soit contenu en nous, cela ne sert à rien si nous n'en avons pas conscience. Pour y parvenir, la *sadhana* est indispensable. Les rishis qui nous ont transmis les *mahavakyas* (grands aphorismes — paroles clés) telles que « Je suis Brahman » et « Tu es Cela » étaient parvenus à ce niveau de conscience. Leur façon de vivre était bien différente de la nôtre. Ils avaient une vision égale de toutes les créatures vivantes. Ils aimaient et servaient tous les êtres sans distinction. À leurs yeux, rien dans l'univers n'était séparé d'eux-mêmes. Alors qu'ils manifestaient les qualités de Dieu, nous avons celles de la mouche. Une mouche vit dans la saleté et les excréments. Ainsi, notre mental ne voit que les défauts et les fautes d'autrui. Cela doit changer. Nous devons développer la faculté de voir le bien en tout. Tant que nous n'avons pas réalisé la Vérité grâce à la *sadhana* et à la contemplation, il est vain de dire que tout est contenu en nous.

« Des gens viennent ici après avoir étudié les Écritures et le Védanta pendant quarante ou cinquante ans et déclarent qu'ils n'ont pas trouvé la paix intérieure. Ce n'est pas en accrochant au mur l'image d'une lampe que nous obtiendrons de la lumière. Si nous voulons voir clair, il faut allumer une vraie lampe. Apprendre par les livres et faire des discours ne suffit pas. Pour connaître la Vérité, il faut pratiquer une *sadhana* et découvrir notre nature réelle. Pour parvenir à cette expérience, l'aide d'un *guru* est essentielle. »

Le journaliste : « Est-ce l'aide qu'Amma donne ici ? »

Amma : « Amma ne fait rien Elle-même. Le Paramatman Lui fait tout faire ! Ces gens ont besoin d'Elle pour l'instant ; le chercheur a besoin du *guru*. Pourquoi ? C'est qu'au point où il en est, son mental n'est pas assez fort. Les petits enfants aiment jouer avec le feu. La mère dit alors : « N'y touche pas, mon fils, tu vas te brûler ! » Il faut que quelqu'un le lui dise pour qu'il se détourne du feu. C'est tout ce que fait Amma. Nous avons besoin au départ de quelqu'un qui nous montre nos erreurs. »

Le journaliste : « Si l'on obéit aveuglément au *guru*, n'est-ce pas de l'esclavage ? »

Amma : « Mon fils, pour connaître la Vérité, nous devons perdre le sens de l'ego. C'est extrêmement difficile si nous sommes seuls pour faire notre *sadhana*. Pour éliminer l'ego, il est indispensable de se livrer à des exercices spirituels sous la direction d'un *guru*. Lorsque nous nous prosternons devant le Maître, nous ne voyons pas en lui un individu, mais l'idéal qu'il incarne. Nous agissons ainsi afin de pouvoir un jour atteindre son niveau.

« C'est grâce à l'humilité que nous pouvons grandir. La graine contient l'arbre, mais si elle reste dans un grenier, les souris la mangeront. Sa forme véritable ne se développe que si elle est d'abord enfouie sous terre. Le parapluie s'ouvre si vous appuyez sur le bouton ; il peut alors vous abriter de la pluie.

« Par respect pour nos parents, nos aînés et nos professeurs, nous leur avons obéi ; nous avons ainsi pu grandir et acquérir des connaissances. Ils ont cultivé en nous de bonnes qualités, de bonnes habitudes. L'obéissance au *guru* permet de même au disciple d'accéder à un niveau de conscience supérieur, plus vaste.

« C'est pour devenir plus tard le Roi des rois que le disciple assume maintenant le rôle d'un serviteur. Nous protégeons un jeune manguier en l'entourant d'une clôture, nous en prenons soin pour pouvoir ensuite en savourer les fruits. Le disciple montre son respect envers le *guru* et lui obéit pour pouvoir atteindre la Vérité qu'il incarne.

« Lorsque nous prenons l'avion, les hôtesses nous demandent d'attacher notre ceinture avant le décollage. Ce n'est pas pour montrer leur pouvoir, mais pour notre sécurité. Le *guru* demande ainsi au disciple de suivre certaines règles et d'observer des limites, mais ce n'est que pour l'élever, pour le protéger des dangers qui pourraient le faire chuter. Le Maître sait que les impulsions du disciple, qui viennent de l'ego, représentent un danger pour lui et pour les autres. La route est ouverte à tous les véhicules, mais si chacun conduit à sa fantaisie, les accidents se multiplieront. C'est pourquoi on nous demande d'observer les règles de la circulation. Nous obéissons bien au policier chargé de la circulation au carrefour, et cela évite de nombreux accidents.

« Lorsque notre sens du « moi » et du « mien » s'apprête à nous détruire, nous sommes sauvés si nous suivons les conseils du *guru*. Il nous donne l'entraînement nécessaire pour que, plus tard, nous soyons hors de danger. La simple proximité du Maître nous insuffle de la force. Il est l'incarnation de l'altruisme. C'est parce que le *guru* vit selon la vérité, le *dharma* (la justice), le renoncement et l'amour que nous découvrons ces vertus. Il en est l'essence. Si nous lui obéissons et l'imitons, elles prennent racine en nous ; l'obéissance au *guru* n'est pas un esclavage. Le but du *guru* est la sécurité du disciple. En vérité, il nous montre le chemin. Un vrai Maître ne considère jamais le disciple comme un esclave. Il est plein d'amour pour lui et veut le voir réussir, même si cela implique pour lui-même des souffrances. Le vrai *guru* est tout à fait comme une mère. »

Les paroles d'Amma s'imprégnèrent profondément dans l'esprit des dévots, déracinant les doutes et semant les graines de la foi. Le journaliste partit, satisfait d'avoir découvert bien des choses qu'il ignorait auparavant.

Méditation

Samedi 22 juin 1985

Amma et les *brahmacharis* étaient assis dans la salle de méditation. Quelques dévots, chefs de famille, se trouvaient là également. Un *brahmachari* nouvellement arrivé ne voulut pas manquer cette chance d'être auprès d'Amma ; il désirait en savoir plus au sujet de la méditation.

Bri : « Amma, qu'entend-on par méditation ? »

Amma : « Imaginons que nous voulions préparer du *payasam* (dessert à base de riz). Si quelqu'un nous demande pourquoi nous mettons de l'eau dans la casserole, nous répondons que c'est pour le *payasam*. Mais nous mettons seulement de l'eau à chauffer. Quand nous prenons ensuite le riz et le *jaggeri* (sucre de canne brut), nous disons que c'est pour le *payasam*. En réalité, le *payasam* est encore à venir. De même, lorsque nous sommes assis les yeux fermés, nous disons que nous méditons. En fait, il ne s'agit pas de méditation, mais d'une pratique destinée à nous permettre d'atteindre l'état de vraie méditation. Celui-ci est un état mental, une expérience indescriptible.

« Nous parlons bien de *sadhakam* en relation avec le chant. Cela désigne simplement la pratique. Pour bien chanter, il est nécessaire de s'exercer régulièrement afin de devenir habile. Ainsi, sur la voie spirituelle, la *sadhana* est la pratique et la méditation est l'état auquel elle nous donne accès.

« Le souvenir constant de Dieu est méditation ; il est comme le cours d'une rivière. On ne parvient à cet état que grâce à une concentration parfaite. Au début, il faut purifier le mental, le concentrer et le dissoudre grâce au *japa* et aux chants dévotionnels ; on peut ensuite pratiquer la méditation. Si nous n'éprouvons pas d'amour pour Dieu, il est impossible de fixer le mental sur Lui. Celui qui a développé cet amour ne verra jamais son mental se diriger vers les objets du monde. Pour lui, les plaisirs du monde sont comme de la crotte de chien. Les bébés attrapent de la boue ou des saletés et mettent tout à la bouche. Lorsqu'ils grandissent et développent un peu de discernement, sont-ils encore tentés de faire cela ? »

Les chagrins de la vie dans le monde

Un *brahmachari* apporta quelques lettres qui venaient d'arriver et Amma Se mit à les lire. Tout en les parcourant, Elle dit aux dévots : « Il suffit de lire ces lettres pour comprendre la nature de la vie. La plupart racontent de grandes souffrances. »

Bri : « Certaines ne posent-elles pas des questions d'ordre spirituel ? »

Amma : « Si, mais la plupart sont des récits pathétiques. Comme cette lettre, l'autre jour, écrite par une de Mes filles. Tous les soirs, son mari rentre ivre et la bat. Un jour, leur enfant de deux ans est venu se mettre entre eux. Pour un homme saoul, quelle est la différence entre un enfant et un adulte ? Un coup de pied, et la jambe du bébé était brisée. Il a maintenant la jambe dans le plâtre. Malgré cet événement, le mari boit toujours autant. La femme doit s'occuper du petit et des travaux ménagers. Elle demandait la bénédiction d'Amma pour que son mari cesse de boire. »

Un dévot : « Amma, lis-Tu vraiment toutes ces lettres Toi-même ? Rien que le courrier d'aujourd'hui représente un gros paquet. »

Amma : « Quand Amma songe à leurs larmes, comment pourrait-Elle ne pas lire ces lettres ? Elle répond Elle-même à certaines d'entre elles. S'il y a beaucoup de courrier, Elle explique à quelqu'un ce qu'il faut répondre. Il est difficile de les lire toutes et d'y répondre. Certaines font dix ou douze pages. Amma n'a pas le temps de tout lire, bien qu'Elle veille parfois presque jusqu'à l'aube. Même quand Elle mange, Elle a une lettre à la main. Il Lui arrive souvent de dicter une réponse tout en prenant Sa douche. »

Elle donna les lettres à un *brahmachari* en disant : « Mets toutes ces lettres dans la chambre d'Amma, fils. Amma les lira plus tard. »

Précisions concernant la *sadhana*

Amma demanda à un *brahmachari* récemment arrivé : « Lis-tu en ce moment, fils ? »

Bri : « Oui, Amma. Mais la plupart des livres disent la même chose. Et le même livre se répète en bien des endroits. »

Amma : « Mon fils, il n'y a qu'une chose à dire : « Qu'est-ce qui est éternel, qu'est-ce qui est éphémère ? » « Qu'est-ce qui est bon, qu'est-ce qui est mauvais ? » Comment réaliser l'éternel ? La Gita et les Pouranas tentent de nous l'expliquer. Les principes essentiels y sont maintes fois exposés. C'est pour montrer à quel point ils sont importants. À force de se les entendre répéter, les gens finiront par les garder en mémoire.

Il existe entre les livres quelques différences de surface, c'est tout. Tandis que le Ramayana raconte la bataille entre Rama et Ravana, le Mahabharata parle de la guerre entre les Kauravas et les Pandavas. Le principe de base est le même. Comment rester fidèle aux principes spirituels et faire face aux différentes situations que la vie nous apporte ? C'est ce que les *Mahatmas* et les livres s'efforcent de nous enseigner. »

Un autre *brahmachari* : « Amma, je me sens faible physiquement depuis que j'ai commencé à prendre des cours de yoga. »

Amma : « Mon fils, pendant les premiers mois de pratique du yoga, tu auras une sensation de lassitude. Mange bien. Une fois que ton corps sera habitué aux postures, tout redeviendra normal. Tes besoins alimentaires devraient alors eux aussi redevenir normaux. » Amma rit.

« Mais que Je ne t'attrape pas en train de te gaver, sous prétexte que Je t'ai dit de bien manger… »

Tout le monde rit.

Amma reprit : « Les *sadhaks* doivent faire très attention à leurs habitudes alimentaires. Mieux vaut ne rien manger le matin. Vous devriez vous plonger en méditation jusqu'à environ onze heures. Trop manger augmente le *tamas* et le mental sera alors rempli de toutes les mauvaises tendances. Si vous mangez le matin, que ce soit très léger. Le mental doit se concentrer sur la méditation. »

Un jeune homme, assis prêt de la porte de la salle de méditation, écoutait attentivement les paroles d'Amma. Titulaire d'un diplôme supérieur, il vivait depuis quatre ans à Rishikesh. Il avait entendu parlé d'Amma un mois auparavant, alors qu'il était en visite chez un ami à Delhi. Cela faisait deux jours qu'il était arrivé à l'Ashram.

Le jeune homme : « Amma, je pratique une *sadhana* depuis quelques années et le résultat pour l'instant me déçoit. Quand je songe que je n'ai pas encore pu réaliser Dieu, mes forces m'abandonnent. »

Amma : « Mon fils, sais-tu quel degré de détachement est nécessaire pour réaliser Dieu ? Imagine que tu sois chez toi, en train de dormir profondément. Tu es soudain réveillé par une sensation de chaleur. Tu découvres que tu es encerclé par les flammes. Ne tenterais-tu pas désespérément d'échapper au feu ? Songe avec quelle force tu appellerais au secours en voyant la mort devant toi. Pour obtenir la vision de Dieu, il faut implorer avec le même désespoir. Représente-toi comment quelqu'un qui tombe à l'eau sans savoir nager lutte pour remonter et respirer. C'est ainsi qu'il faut lutter pour se fondre dans l'Absolu. La douleur de ne pas avoir obtenu la vision de Dieu doit être constante et te tenailler le cœur à chaque instant. »

Amma fit une pause, puis reprit : « Vous n'obtiendrez pas la vision de Dieu simplement en vivant à l'Ashram. Il faut pratiquer une *sadhana* avec un détachement extrême. « Je ne veux rien d'autre que Dieu », telle doit être votre attitude. Celui qui a la fièvre trouve même les sucreries amères. Qui brûle d'amour pour Dieu ne songe à rien d'autre. Ses yeux ne veulent voir que la forme de Dieu. Ses oreilles languissent d'entendre le nom divin et tout autre son les agace et les perce. Son mental lutte comme un poisson hors de l'eau jusqu'à ce qu'il atteigne Dieu ! »

Amma ferma les yeux et Se plongea en méditation. Tous les regards étaient intensément fixés sur Elle.

Quelques minutes plus tard, Elle Se leva et longea le mur extérieur de la salle de méditation. Le bassin qui contenait l'eau potable se trouvait au sud, à un mètre du mur de la salle, laissant un étroit passage. L'eau de cette réserve était pompée vers une citerne située plus haut, d'où elle était distribuée à tout l'Ashram. Amma examina le bassin. Avant de Se rendre dans la hutte pour donner le *darshan* aux gens qui L'attendaient, Elle dit aux *brahmacharis* : « La mousse est en train de pousser sur les murs du réservoir. Mes enfants, il faut le nettoyer. »

C'était le crépuscule. Plongée dans une extase divine, Amma assise sur le petit lit de Sa chambre, chantait un *bhajan*. La flamme de la lampe à huile, parfaitement immobile, semblait captivée par Son chant.

Agamanta porule jaganmayi

Ô Essence des Védas,
Toi qui imprègne l'univers,
Toi qui es pure sagesse,
Qui Te connaît ?
Ô Soi de béatitude,
Être éternel que la souffrance n'effleure pas
Ô puissance suprême et primordiale,
Protège-moi !

Omnisciente, Tu résides dans tous les cœurs,
Impatiente d'accorder la béatitude de la libération.
Les méchants ne peuvent Te voir,
Mais Tu brilles à jamais dans la méditation
Des êtres vertueux.

Tu resplendis sous la forme de la vérité éternelle.
Ô Dévi, l'Éternelle,
Montre-moi le chemin de la libération,
Brille en moi qui ne suis qu'un simple lourdaud.

Ô Mère, je Te le dis clairement :
Daigne entrer dans mon cœur et y briller.
Permets-moi de proclamer Ta gloire
Et libère-moi de cette Mâya.

Sur le mur, derrière Amma, était accrochée une représentation de la déesse Sarasvati tenant la *vina*. Les doigts de la déesse jouaient-ils pour accompagner le chant d'Amma ? Avant que l'écho de la mélodie se soit évanoui, Elle attrapa l'image et l'embrassa à plusieurs reprises. Puis Elle resta un moment immobile, serrant la déesse contre Son cœur, sans faire le moindre mouvement.

Quand les *bhajans* commencèrent devant le *kalari*, Elle reposa doucement l'image sur Son lit. On pouvait encore y voir deux sillons, laissés par le flot de Ses larmes. Amma Se leva et Se mit à marcher doucement de long en large, toujours en extase. Les *bhajans* se terminèrent, puis l'*arati*. Amma sortit dans la petite cour devant la salle de méditation.

Conseils aux dévots

Quelques dévots s'approchèrent d'Amma, qui les conduisit vers le *kalari* et S'assit.

Un dévot : « Amma, j'ai une question au sujet de quelque chose que Tu as dit aux *brahmacharis* ce matin. »

Amma : « Quoi donc, Mon fils ? »

Le dévot : « Amma a dit que la vie dans le monde était comparable à de la crotte de chien. Faut-il en avoir une vision aussi négative ? »

Amma répondit en riant : « Amma S'adressait alors aux *brahmacharis*, n'est-ce pas ? Pour continuer sur la voie spirituelle, il leur faut un détachement de cette intensité. Si la conscience de son but est fermement ancrée en lui, un *brahmachari* ne sera pas du tout attiré vers le monde. Il faut qu'Amma lui donne une vision négative de la vie laïque, pour qu'il ait la force de continuer son chemin. Sinon, il sera pris au piège des plaisirs physiques et perdra sa force.

« Un soldat reçoit un entraînement approprié au travail de l'armée ; celui d'un policier est différent et lui permettra d'exercer son métier. De même, les instructions destinées aux *brahmacharis* et celles destinées aux chefs de famille diffèrent. Bien que le but soit le même, le degré d'intensité varie. Le *brahmachari* a déjà renoncé à toutes ses relations et s'est consacré entièrement à son chemin. À chaque pas, il répète un *mantra* de détachement.

« Amma ne dira jamais que le statut de *grihasthashrama* est inférieur. Nos anciens rishis n'étaient-ils pas tous des chefs de famille ? Rama et Krishna n'ont-ils pas mené une vie de famille ? Mais celui qui a fait le vœu de *brahmacharya* doit considérer la vie dans le monde comme de la crotte de chien. Il peut alors garder le détachement indispensable pour rester sur la voie.

« Un *brahmachari* doit donc recevoir les conseils nécessaires pour développer un détachement absolu. Amma est très heureuse de voir s'éveiller chez Ses enfants laïcs un sentiment de détachement. S'ils sont attentifs à maintenir cette flamme toujours allumée, ils finiront par atteindre le but. Amma ne demandera jamais à quelqu'un de tout abandonner et de devenir *sannyasi* tant que la personne n'éprouve pas un détachement total.

« Le chemin qu'Elle indique ne consiste pas à aller dans l'Himalaya pour s'asseoir les yeux fermés en ne songeant qu'à *moksha* (la libération). Il faut apprendre à surmonter les situations difficiles. Le chacal, dans la jungle, se promet de ne plus hurler la prochaine fois qu'il verra un chien. Mais dès qu'il en voit un, l'habitude est la plus forte et il hurle. Le vrai courage consiste à n'éprouver ni attachement ni sens de la possession, tout en vivant les expériences du monde. C'est ainsi que devrait être un vrai *grihasthashrami*.

« Comme la fleur tombe lorsque le fruit se forme, les désirs mondains disparaissent quand naît le détachement. Que la personne vive chez elle ou au fond de la forêt, aucun désir ne peut alors la lier. Celui dont le but est de réaliser Dieu n'attache d'importance à rien d'autre. Il a déjà compris que rien de physique n'est permanent et que la vraie béatitude est à l'intérieur. »

Le dévot : « Comment tourner le mental vers Dieu s'il erre en quête de plaisirs extérieurs ? »

Amma : « Quand il a faim, le chameau mange des buissons d'épines, ce qui lui met la bouche en sang. Si, affamé, vous ne mangez que des piments, parce que vous aimez cela, vous aurez la bouche en feu et l'estomac aussi. Vous vouliez apaiser votre faim, mais il vous faut maintenant en subir les conséquences douloureuses. Ainsi, si nous faisons dépendre notre bonheur des objets matériels, nous finirons toujours par souffrir.

« Prenez par exemple le musc. Il peut chercher longtemps la source du parfum qu'il respire, il ne la trouvera jamais, car elle est en lui. La béatitude ne vient pas des objets extérieurs. Elle demeure à l'intérieur de nous. Si nous contemplons cette vérité et développons un détachement suffisant, le mental cessera de courir après les plaisirs extérieurs.

« Sachant que le jus est dans le fruit, nous le pelons et jetons la peau. C'est l'attitude que doit avoir un *sadhak*. Alors son mental ne se tournera pas vers l'extérieur. Nous serons capables de goûter l'essence de toute chose. »

Le dévot : « N'est-il pas possible de savourer la béatitude tout en menant une vie mondaine ? »

Amma : « Comment serait-il possible de connaître la plénitude de la béatitude sans fixer le mental entièrement sur Dieu ? Si tu mélanges le *payasam* à d'autres aliments, en reconnaîtras-tu le goût ? Le dieu Vishnou demanda plusieurs fois à Sanaka et aux autres sages de se marier. Mais ils répondirent : « Chaque instant de notre vie matrimoniale s'écoulera sans que nous pensions à Toi. Nous n'avons besoin que de Toi, Seigneur, et de rien d'autre ! »

« Comme rien n'est séparé de Dieu, les gens soutiennent que les plaisirs du monde ne devraient pas constituer un obstacle. Certes, si l'on peut penser à Dieu en toutes circonstances. Mais en sommes-nous capables ? Quand nous mangeons une sucrerie, en goûtons-nous la douceur ou bien pensons-nous à Dieu ? Si vous pouvez ne songer à rien d'autre qu'à

Dieu, même à cet instant-là, alors il n'y a pas de problème, vous pouvez suivre cette voie. »

Le dévot : « Les Écritures ne prescrivent-elles pas quatre stades de la vie : *brahmacharya*, *grihasthashrama*, *vanaprastha* et *sannyasa* ? Après avoir mené la vie d'un *grihastha* (chef de famille), on passe au stade de *vanaprastha* lorsque s'installe un certain détachement, pour devenir *sannyasi* quand le détachement est complet. Tous les liens sont alors tranchés et l'on s'abandonne complètement à Dieu. C'est en vérité le but de la vie. »

Un autre dévot : « On dit aussi que si le détachement est complet, il est possible de passer directement du stade de *brahmacharya* à celui de *sannyasa*. »

Amma (riant) : « Certes, mais les parents ne le permettent pas, c'est le problème. Certains des enfants résidant à l'Ashram ont eu à surmonter une opposition sérieuse afin de pouvoir rester. »

Un dévot : « Méritons-nous la réalisation ? Nous sommes si désolés d'être pris dans cette vie mondaine ! »

Amma : « Ne pensez pas cela, Mes chers enfants ! Songez que cette vie est destinée à aplanir les obstacles sur votre chemin vers Dieu. Lorsque nous partons en voyage, si quelque chose bloque la route, nous l'ôtons avant de continuer notre chemin. Si nous ne le faisons pas, l'obstacle restera. La vie dans le monde nous permet de déraciner le désir et la colère présents en nous. Amma recommande parfois le mariage aux enfants dont les *vasanas* sont très fortes. Si on les réprime, elles exploseront tôt ou tard. Il nous faut les transcender. La vie de famille crée les circonstances nécessaires à cela.

« Le mental gagnera en force grâce à la pratique de la contemplation. Si un bébé qui apprend à marcher tombe, il lui faut se relever et continuer à marcher. S'il reste par terre, il ne fera aucun progrès. La vie de famille n'est pas faite pour nous éloigner de Dieu, mais pour nous en rapprocher. Mes enfants, utilisez-la donc dans ce but et ne vous faites pas de souci inutile.

« La vie de famille nous permet de surmonter nos *vasanas*. Ne les laissez pas vous submerger ; comprenez leur nature et dépassez-les. Nous n'atteindrons le but que si nous sommes complètement détachés de nos tendances négatives. Nous sommes satisfaits d'avoir mangé notre content de *payasam*, mais un peu plus tard, nous en voulons deux fois plus. Quand nous aurons compris la vraie nature de ce désir, le mental n'y fera plus attention. Si un lézard tombe dans le *payasam*, qui en mangera ?

« Quand les *vasanas* nous attirent, le mental résiste s'il sait qu'elles ne sont pas source de vraie joie et qu'elles n'apportent que de la souffrance. Mais il faut que cette vérité soit bien ancrée dans le mental et l'intellect. Ne gâchez pas votre vie, Mes enfants, en étant esclave du mental ! Ne troquez pas un joyau sans prix pour un bonbon. Le mental se calmera si nous arrêtons d'accorder autant d'importance aux plaisirs des sens.

« Ne vous inquiétez pas si vous n'avez pas la force de le faire tout de suite. Allez vous asseoir seul chaque jour pour méditer un moment là-dessus, en adoptant l'attitude d'un témoin. Que cela devienne une habitude régulière. Vous développerez certainement la force dont vous avez besoin. Il est inutile de vous asseoir et de pleurer en songeant que vous êtes trop faibles. Trouvez la force nécessaire. Vous pourrez alors affronter n'importe quel défi, sans vaciller. Mes enfants, ne pleurez pas en pensant que vous êtes indignes. Cela ne fera que vous affaiblir.

« Mon fils, ne regrette pas de ne pas être un *brahmachari*, de ne pas vivre auprès d'Amma. Certaines feuilles sont proches de la fleur, d'autres en sont éloignées, mais toutes les feuilles appartiennent à la même plante. Enfants, n'en doutez jamais. Ne vous désolez pas de ne pas pouvoir jouir de la présence d'Amma. Vous aussi êtes capables d'atteindre un jour le but ultime. »

Le dévot : « Cependant, nos vies n'ont elles pas été vaines puisque nous étions prisonniers des désirs matériels ? »

Amma : « Pourquoi vous désoler à propos du passé ? Avancez avec foi. Il était une fois un pauvre bûcheron. Chaque jour il allait dans la forêt couper du bois pour en faire du charbon qu'il vendait à une boutique comme combustible. Il ne retirait de cette activité qu'un maigre revenu, qui ne suffisait pas à lui remplir le ventre. Il vivait dans une vieille hutte moisie, dont le toit fuyait. Sa santé ne lui permettait pas de travailler plus dur et il était désespéré. Un jour, le roi traversa le village. Il entendit parler de la triste situation du bûcheron. Le roi lui dit : « À partir d'aujourd'hui, tu n'auras plus à lutter pour survivre. Je te donne une forêt de bois de santal. Tu peux vivre confortablement de son revenu. »

« Le lendemain, le bûcheron alla travailler comme d'habitude. Comme il possédait sa propre forêt, il n'avait plus besoin de chercher des arbres à couper. Il coupa du bois de santal, en fit du charbon et l'apporta à la boutique, comme toujours. Il ne gagnait pas plus qu'avant.

« Quelques années plus tard, le roi revint dans le village. Il voulut voir l'homme auquel il avait donné la forêt de bois de santal. Le roi s'attendait à voir un homme riche. Il fut étonné en voyant le bûcheron ; il semblait si possible plus pauvre qu'auparavant. Son visage n'exprimait aucun bonheur et il avait oublié ce que rire signifiait. Consterné, le roi lui demanda : « Que t'est-il arrivé ? Qu'as-tu fait de la forêt que je t'ai donnée ? » « J'ai coupé les arbres, j'en ai fait du charbon de bois que j'ai vendu. » Le roi ne pouvait en croire ses oreilles ! Cet homme avait vendu ces précieux arbres pour une somme insignifiante. « Reste-t-il des arbres ? » demanda-t-il. « Oui, il en reste un » répondit l'homme. Le roi dit alors : « Sot que tu es ! Je t'ai donné une forêt entière de bois de santal. Ce bois n'est pas destiné à servir de combustible ! Eh bien, au moins, il te reste un arbre. Coupe-le et vends-le sans en faire du charbon. Tu en retireras suffisamment d'argent pour vivre le restant de tes jours. » Le bûcheron suivit le conseil du roi et mena ensuite une vie confortable.

« Mes enfants, vous avez le désir de connaître Dieu. Cela suffit. Votre vie trouvera son accomplissement. Il suffit que vous la meniez désormais de façon adéquate. »

Une femme accompagnée de deux petits enfants s'approcha d'Amma et se prosterna devant Elle. Elle posa la tête sur les genoux d'Amma et se mit à pleurer amèrement en racontant l'histoire de ses malheurs.

Son mari avait monté une affaire en empruntant de l'argent à un taux d'intérêt exorbitant. Il fit faillite. Pour rembourser la dette, ils vendirent leurs terres et mirent les bijoux de la femme en gage. Ils ne purent les récupérer à temps et ils furent vendus aux enchères. Pressés par les créanciers, ils furent contraints de vendre leur maison et de vivre en location. Maintenant, il leur manquait l'argent nécessaire pour payer le loyer. La jeune femme était partie avec ses enfants en pensant se suicider, mais elle avait entendu parler d'Amma et était venue La voir.

Elle dit à travers ses larmes : « Amma, sais-Tu quelle vie agréable nous avions ? Mon mari a tout brisé. Je ne peux pas vivre plus longtemps dans ce logement. Nous n'avons même pas l'argent du loyer. Les gens de ma famille sont tous à l'aise. Comment puis-je sans honte leur montrer mon visage ? J'ai décidé de mettre fin à ma vie et à celle de mes enfants. »

Amma : « Ma fille, tu n'as pas besoin d'en mourir. Ta vie est-elle d'ailleurs entre tes mains ? Et de quel droit prendrais-tu celle de tes enfants ? Il n'y a pas de feu sans fumée, mon enfant, et pas de désir sans souffrance. C'est comme le soleil et la sensation de chaleur. Vous vouliez une vie grandiose, vous avez monté une grosse affaire et cela a causé votre souffrance. Si vous aviez appris à être satisfaits de ce que vous aviez, il n'y aurait maintenant pas de problème. La vie est faite de joie et de douleur. Aucune existence n'est constituée que de l'une ou de l'autre.

« Il y a un temps pour tout. Il y a des périodes dans la vie où tout ce que nous entreprenons échoue. Inutile de s'effondrer quand cela se produit. Accrochez-vous à Dieu. Il est notre seul refuge. Il ne manquera pas de nous indiquer une solution. Au moins tu es en bonne santé et tu peux travailler pour gagner ta vie. Dieu te procurera du travail. Il est inutile de rester assise dans un coin et de pleurer. Tu ne feras que perdre ton temps et te ruiner la santé. Ne te désole pas au sujet de ce qui est perdu, Ma fille ! Songer au passé en s'affligeant revient à serrer dans ses bras un corps sans vie. Le passé ne reviendra pas et nous ignorons tout de l'avenir. Au lieu de perdre ton temps et de te ruiner la santé en ruminant le passé et en imaginant le futur, concentre-toi sur le présent. Tu le gâches en vivant constamment dans le passé ou dans l'avenir. Seul le Paramatman connaît les trois, passé, présent et futur. Tu dois donc les Lui abandonner et avancer en songeant à Lui. Tu auras alors toujours le sourire.

« Imagine quelqu'un en train de consommer une glace. En mangeant, il songe : « Dans le restaurant où je suis allé hier, la nourriture n'était pas protégée. Un cafard ou un lézard serait-il tombé dedans ? La migraine dont j'ai souffert ce matin venait-elle de ces aliments ? Aujourd'hui, mon fils m'a encore demandé des vêtements neufs. Comment pourrais-je lui acheter quoi que ce soit ? Je n'ai pas d'argent. Il y a longtemps que je rêve d'une plus belle maison, mais je ne gagne pas assez. Si je trouvais un meilleur emploi, les choses iraient mieux ! » À ce moment-là, la glace est finie. Plongé dans ses pensées, notre homme n'en a pas même savouré une cuillerée. Le passé le troublait et il s'inquiétait du futur ; il a donc perdu l'occasion de passer un agréable moment dans le présent. S'il avait oublié le passé et l'avenir, il aurait au moins pu déguster sa glace. Sachez donc vivre en appréciant chaque instant, Mes enfants. Abandonnez tout à Dieu, ou accueillez toutes les situations avec le sourire. Oubliez le passé et le futur, occupez-vous de ce qui arrive dans le présent et soyez vigilants.

« Si vous tombez, relevez-vous et avancez avec enthousiasme. Considérez que la chute avait pour but de vous rendre plus vigilant. Le passé est comme un chèque annulé. Il est inutile de ruminer en y songeant. À quoi bon rester assis à vous inquiéter de vos blessures ? Appliquez-leur dès que possible le remède nécessaire.

« Ma fille, nous venons au monde les mains vides et nous le quittons de même. Nous acquérons des objets et les perdons ensuite. C'est tout. Une fois que nous avons compris que telle est la nature du monde, nous ne perdons pas notre énergie à nous en préoccuper. La paix intérieure est la vraie richesse, Ma fille. C'est celle que nous devons trouver le moyen de protéger.

« Reste ici jusqu'à ce que ton mari trouve un emploi. Vos enfants aussi peuvent rester. Cesse de t'inquiéter ! » De Ses mains, Amma essuya les larmes de la femme, balayant ses inquiétudes.

Une autre femme dit : « Amma, je suis très triste quand je me sens incapable de me relier à Dieu ; beaucoup de mauvaises pensées surgissent et me dérangent. »

Amma : « Ma fille, ne te tracasse pas à ce sujet. Le mental n'est qu'une accumulation de pensées. Songe que les mauvaises pensées viennent car il est temps pour elles de disparaître. Mais fais attention à ne pas t'identifier à elles.

« Lorsque nous voyageons en bus, nous voyons beaucoup de jolies choses le long de la route : de belles maisons, des fleurs, de magnifiques jardins, etc. Mais nous ne forgeons pas de lien avec ces objets. Nous les regardons passer, sachant qu'ils ne sont pas notre lieu de destination. Nous devons apprendre à regarder les pensées qui traversent le mental de la même manière. Regarde-les, mais ne te lie pas à elles, ne t'y accroche pas. Nous pouvons rester sur la berge et regarder la rivière couler. Le spectacle est intéressant, mais si nous sautons dans la rivière, nous perdrons vite notre force. Essaye de développer la faculté de prendre du recul et de rester témoin, pendant que les pensées défilent dans ton mental. Cela le rendra fort. »

Une femme qui avait écouté dit : « Amma, une fois que nous sommes pris dans la toile d'araignée de la vie familiale, malgré tous nos efforts, il est difficile de s'en libérer ! »

Amma : « Un oiseau est assis sur une petite branche morte et mange un fruit qu'il a trouvé. Il sait que le rameau peut se briser à tout instant, il est donc très vigilant, perché sur sa branche. Comprenez que telle est la nature de ce monde. Tout peut nous quitter, à tout moment. Gardez cela en mémoire, Mes enfants. Dieu seul est éternel, accrochez-vous à cette vérité. Alors vous ne connaîtrez pas le chagrin.

« Si nous savons qu'on tire un feu d'artifices, la prochaine détonation ne nous étonnera pas et ne nous fera pas perdre notre équilibre. Ainsi, si nous comprenons la véritable nature de ce monde, nous resterons équilibrés. Apprenons à accomplir toute action en la considérant comme notre devoir et avançons sans nous identifier à quoi que ce soit.

« Prenez l'exemple d'un directeur de banque. Voyez tous les employés dont il est responsable. Il doit être attentif au personnel et en outre recevoir ceux qui viennent pour obtenir un prêt en lui apportant un gros dossier pour plaider leur cause. Si le directeur se laisse charmer par les sourires et les flatteries de ses clients, s'il leur accorde un prêt sans examiner attentivement leur dossier, il finira en prison. Il sait que certains d'entre eux sont venus pour obtenir de l'argent à tout prix ; il sait aussi que l'argent de la banque ne lui appartient pas, mais il ne le confie pas au premier venu ; il ne s'irrite contre personne et n'hésite pas à accorder un prêt à ceux qui le méritent. Il se contente de bien faire son devoir, c'est tout ; il n'a alors aucun regret.

« Telle est l'attitude juste pour nous tous. Nous devrions être capables d'accomplir toute action avec sincérité et enthousiasme. Il ne s'agit pas de sombrer dans le découragement ou la paresse en songeant que nous n'emporterons rien dans la tombe. Accomplissons notre travail par devoir, avec *shraddha*, sans aversion. Considérez toute chose comme un aspect du Paramatman. Tout est contenu dans ce principe ultime.

« Vous avez déjà vu des bonbons enveloppés dans des papiers de différentes couleurs, rouge, blanc, bleu et vert. En apparence ils sont tous différents. Les enfants se disputent pour avoir leur couleur favorite : « J'en veux un bleu », « J'en veux un rouge », etc. L'enfant qui en réclame un rouge ne sera pas content si on lui en donne un bleu. Il pleurera jusqu'à ce qu'il en obtienne un rouge. Mais une fois le papier ôté, les bonbons ont tous le même goût. Nous sommes comme ces enfants : nous ne pensons pas au bonbon, nous sommes fascinés par les papiers et nous nous disputons pour obtenir la couleur désirée. En réalité, le principe qui est au cœur de tous les êtres vivants est le même. Les formes et les couleurs extérieures varient, le principe suprême est immuable. Nous sommes incapables de saisir cette vérité parce que nous avons perdu notre innocence enfantine et notre pureté intérieure.

« Supposons que quelqu'un se mette en colère contre nous ou agisse de manière hostile. Si nous réagissons avec colère ou si nous le punissons, c'est comme si nous mettions le doigt sur une plaie qu'il a sur la main pour l'agrandir, au lieu d'y appliquer un remède pour qu'elle guérisse. Le pus de la blessure retombera sur nous et nous sentirons mauvais. Son ego en sera renforcé et notre ignorance s'approfondira. Par contre, si nous lui pardonnons, c'est comme si nous soignions sa plaie et notre conscience s'élève, notre cœur s'ouvre alors. Donc, Mes enfants, menez une vie d'amour et de pardon. Cela peut vous paraître très difficile, mais si vous essayez, vous y parviendrez certainement. »

Un dévot : « Amma, comment trouver le temps de méditer et de faire mon *japa* au milieu des responsabilités de la vie familiale ? »

Amma : « Rien n'est difficile pour ceux qui le veulent vraiment. Mais il faut que le désir soit réel. Passez au moins un jour par semaine dans la solitude et consacrez-le à la *sadhana*. Malgré vos responsabilités et le travail qu'il vous faut accomplir, vous devriez en trouver le moyen. Ne vous mettez-vous pas en congé de maladie si vous n'êtes pas bien, même si le travail est loin d'être fini ? Ne prenez-vous pas une journée pour assister à un mariage dans votre famille ? La *sadhana* est tellement plus importante ! Au moins une fois par semaine, allez dans un ashram pour faire des pratiques spirituelles et servir. Cette journée vous permettra de renforcer l'amour et le sens de la coopération au sein de votre famille.

« Si vos enfants font des bêtises, expliquez leur les choses avec amour. L'enfance est la base de la vie. Si nous n'accordons pas assez d'attention à nos enfants, si nous ne leur montrons ni affection ni amour, ils pourraient mal tourner. Que les parents n'oublient pas de montrer beaucoup d'amour à leurs enfants quand ils sont très jeunes, comme on arrose une tendre et jeune plante. Une fois que les enfants ont grandi et ont un emploi, les parents devraient leur confier la responsabilité de la famille et se retirer dans un ashram pour effectuer une *sadhana* dans la solitude. Purifiez votre mental par le service désintéressé. Il n'est pas sage de rester attachés à nos enfants et à notre foyer jusqu'à notre dernier souffle. Les enfants devenus adultes, nous auront le désir de voir nos petits enfants et d'aider à les élever. Tous les êtres vivants sur cette terre se développent et vivent, n'est-ce pas ? Ils n'attendent pas notre aide. Confiez vos enfants à Dieu. C'est ce que devraient faire des parents aimants. C'est le véritable amour.

« Jusqu'à présent, nous avons trimé pour « nous et nos enfants ». Nous ne nous distinguons pas en cela des animaux. Quel est alors le fruit de cette précieuse incarnation humaine ? Désormais, notre travail devrait être consacré à « Toi ». Alors, lentement, le « moi » disparaîtra de lui-même et avec lui, nos soucis et nos chagrins.

« Une fois montés dans le train, pourquoi continuer à porter nos bagages en nous plaignant de leur poids ? Nous pouvons les poser. Apprenons de même à prendre refuge en l'Être suprême, à tout Lui abandonner.

« S'il nous est difficile de trouver une journée par semaine, nous devrions passer au moins deux jours par mois dans l'atmosphère d'un ashram à méditer, répéter notre *mantra* et servir. Le souvenir de Dieu est le fondement de la vie. Nous parviendrons ainsi à nous libérer de tous les liens, comme un serpent fait peau neuve, et à nous fondre en Dieu. Suivez une discipline régulière. Certaines personnes disent qu'il est inutile de se retirer du monde qui nous entoure, puisqu'il est lui aussi Brahman. Certes, tout est Brahman, mais avons-nous atteint ce niveau de conscience ? Dieu ne voit de mal en personne. Il ne voit que le bien en tout. Lorsque nous aurons la même attitude, alors nous pourrons nous permettre d'affirmer que tout est Brahman. S'il se trouve une seule bonne chose au milieu de mille mauvaises, Dieu ne verra que la bonne.

« Un *guru* avait deux disciples et donnait à l'un plus de responsabilités dans l'ashram qu'à l'autre. Le second disciple n'appréciait pas cette attitude, car il se considérait comme le meilleur. Il se mit à détester le premier disciple. Un jour, il demanda au *guru* : « Pourquoi ne me confies-tu aucune responsabilité dans l'ashram ? Je suis plus capable que lui. »

« Le *guru* enjoignit alors aux deux élèves de partir dans le monde et de voir quelle était la nature des gens. En marchant, le premier disciple vit un homme au bord de la route en train de donner un bonbon à un petit enfant et de le consoler. En se renseignant, il apprit que cet homme était en fait un assassin. Mais le disciple fut tout de même touché par le bon côté de cet homme. Continuant son chemin, il vit quelqu'un donner à boire à un vieil homme allongé sur le bas-côté, affaibli par la faim et la soif. Par la suite, il apprit que l'homme était un voleur ; il se réjouit de voir que même le brigand éprouvait de la compassion. Puis il vit une prostituée essuyer les larmes d'une autre femme et la calmer. En voyant la gentillesse et la compassion dont elle faisait preuve, le disciple fut incapable de mépriser la fille des rues. Il retourna vers son *guru* et lui raconta tout, en louant les bonnes actions dont il avait été témoin.

« Le second disciple revint en même temps. Il raconta qu'il avait vu un homme battre un enfant, un autre réprimander un mendiant et enfin une infirmière se fâcher contre un malade. Il n'éprouvait que de la haine envers les gens qu'il avait vus se comporter ainsi. L'homme qui avait battu l'enfant avait un grand cœur. En fait, il procurait de la nourriture et des vêtements à de nombreux enfants pauvres et pourvoyait à leur éducation. Cet enfant-là avait l'habitude de voler. Il n'y avait pas moyen de le raisonner et l'homme finit par le battre pour lui faire comprendre son erreur. Mais le disciple trouvait cela injustifiable. Il pensait : « Si bon que soit notre cœur, est-il permis de frapper un enfant ? Quel méchant homme ! »

« Le deuxième homme qu'il avait rencontré donnait généreusement à autrui. Il vit quelqu'un en bonne santé mendier et tenta de le convaincre d'utiliser la santé que Dieu lui donnait pour travailler et gagner son pain. Le disciple désapprouva cela également. Il songea : « Aussi généreux que l'on soit, de quel droit donne-t-on des conseils ? S'il ne voulait rien donner, il lui suffisait de renvoyer le mendiant. »

« Enfin, l'infirmière que le disciple avait vue aimait beaucoup ses patients. Elle les soignait jour et nuit. Ce malade avait l'habitude d'ôter ses pansements, ce qui empêchait ses plaies de cicatriser. Par amour pour lui, l'infirmière le disputait. Eh bien, le disciple n'admit pas cela non plus. « L'infirmière a sans doute appliqué un remède qui empestait, c'est pourquoi le malade a enlevé les pansements. Et elle le réprimande ! Quelle mauvaise femme ! »

« Après avoir écouté le récit des deux disciples, le *guru* dit : « Nul n'est entièrement mauvais en ce monde. Si mauvaise que soit la réputation d'une personne, il y a du bien en elle. L'un d'entre vous a pu voir le bien chez un assassin, un voleur et une prostituée. S'il y a de la bonté en nous, nous la verrons chez les autres. C'est le regard qu'il nous faut. »

« Le Maître dit au second disciple : « Mon fils, c'est ta propre nature que tu as vue chez les autres. Tu n'as pu percevoir que le mal, même chez des êtres très bons. Le jour où tu changeras, tu pourras, toi aussi, voir le bien en toute chose. »

« Aujourd'hui, notre mental ressemble à celui du second disciple. Même s'il y a mille actions justes, nous ne les voyons pas. Nous voyons l'erreur qui a été commise. Mais Dieu ne voit chez Ses enfants que le bien. Nous ne pouvons dire que tout est Brahman ou que tout est Dieu que si nous avons la même attitude.

« Certaines personnes disent : « Le *guru* n'est-il pas en nous ? Ne suffit-il pas de suivre notre pensée ? Pourquoi prendre refuge en une autre personne ? » Il est exact que le *guru* est à l'intérieur de nous, mais il est à présent l'esclave de nos *vasanas*. Nous ne contrôlons pas notre pensée ; ce sont les *vasanas* qui la contrôlent. Il est donc dangereux de la suivre.

« Voici une histoire : il était une fois un homme qui avait rencontré bien des *gurus*. Ils ne parlaient que d'humilité, de foi et de dévotion. L'homme n'appréciait pas ce discours. « Je ne veux être l'esclave de personne », décida-t-il. Assis sur le bord de la route, il songeait : « Aucun des Maîtres que j'ai vus n'est capable de me guider correctement. » Comme il levait la tête, perdu dans ses pensées, il vit non loin de là un chameau qui broutait. L'animal hocha la tête. L'homme s'étonna qu'il eût saisi ses pensées. « Cela doit être le *guru* que je cherche », se dit-il. Il alla le trouver et lui demanda : « Veux-tu être mon Maître ? » Le chameau, de nouveau, hocha la tête. Notre homme en fut tout heureux.

« Il ne fit dès lors plus rien sans interroger son Maître-chameau. L'animal approuvait tout d'un signe de tête. Il lui demanda un jour : « J'ai rencontré une fille. Puis-je l'aimer ? » Le chameau hocha la tête. Au bout de quelques jours, il revint et demanda : « L'épouserai-je ? » L'animal donna sa bénédiction à cela aussi. Quelques jours passèrent. La question suivante fut : « Il n'y a pas de mal à ce que je boive un peu ? » Le chameau, encore une fois, hocha la tête. Ce jour là, l'homme rentra chez lui bien éméché. Cela devint bientôt une habitude. Sa femme n'aimait pas cela. Il alla voir son *guru* et lui demanda s'il pouvait se battre avec sa femme. Le Maître l'y autorisa. Mais il revint bientôt dire : « Ma femme n'aime pas que je boive. Puis-je la tuer ? » Même à cette question, le chameau répondit oui. L'homme se dépêcha de rentrer chez lui pour poignarder sa femme, la blessant sérieusement. La police vint, l'arrêta, et il fut condamné à la prison à vie.

« Le mental est comme ce Maître-chameau. Ce n'est pas une question de bien ou de mal. Il approuve tout ce qui nous plaît, sans songer aux conséquences. Si nous nous fions au mental, qui est l'esclave des *vasanas*, nous resterons éternellement prisonniers. Notre intellect ne possède actuellement pas le moindre discernement, le mieux est donc de suivre les conseils d'un vrai *guru*. Nous accomplissons des actes erronés en prenant pour excuse que c'est Dieu qui nous les fait faire. Il n'est pas juste de notre part de désirer que le Maître approuve tout ce que nous faisons. Seul celui qui suit les instructions du *guru* sans les mettre en question pourra atteindre le but. Celui-là est un vrai disciple.

« Comme la tortue couve ses œufs par la pensée, une pensée du Maître suffit à nous mener au but. Un *satguru* est celui qui a réalisé la Vérité. En suivant ses conseils, même s'ils ne nous conviennent pas sur le moment, nous progresserons. Les Maîtres qui laissent leurs disciples suivre leurs désirs ne sont pas authentiques. Ils ne savent que hocher la tête, comme le chameau. Ils ne se préoccupent pas des progrès de leur élève. »

Un dévot : « Amma, les Écritures ne disent-elles pas : « Tout est Brahman » ? »

Amma : « Mais nous ne sommes pas parvenus à ce niveau ! Il nous faut donc agir avec discernement. Il est peu sage de s'approcher d'un chien enragé en déclarant que tout est Brahman.

« L'ami qui vous demande de ne pas vous approcher de l'animal est lui aussi Brahman. Si vous n'avez pas le discernement nécessaire, dans un cas comme celui-là, vous en mourrez.

« Tant que vous n'en avez pas l'expérience, à quoi sert de répéter : « Tout est Brahman » ? Songez aux objets en roseau que l'on fabrique. Le rotin est dans la chaise, dans la table, dans le panier. Mais il contient aussi en lui la chaise, la table et le panier. De même, il y a de l'or dans la bague, le bracelet et les boucles d'oreilles. Mais nous nous attachons surtout aux formes que revêtent ces objets. Ceux que la forme ne fascine pas voient l'or. C'est ce regard qu'il nous faut développer, en comprenant que tout contient la réalité suprême, Brahman. Ceux qui ont cette vision ne peuvent rien faire de mal. Qui parle de Brahman sans en avoir l'expérience commettra des erreurs.

« *Advaïta* (la non-dualité) est un état de conscience dans lequel il n'existe que l'Un. Vous percevez alors spontanément tout être comme votre propre Soi. Ce n'est pas un sujet de discours, mais une expérience.

« Un homme emprunta un jour de l'argent à différentes personnes et acheta une île, sur laquelle il se construisit un palais. À tous les visiteurs il ne parlait que de son palais et se pavanait. Un *sannyasi* vint un jour lui demander *bhiksha* (l'aumône de nourriture). Notre riche eut le sentiment que le sannyasi ne lui témoignait pas assez de respect et il en fut contrarié. Il dit au *sannyasi* : « Sais-tu qui possède cette île, ce palais et tout ce que tu vois là. ? Cela m'appartient. Je domine tout. Nul ne me témoigne aucun respect ! »

« Le *sannyasi* l'écouta patiemment, puis il demanda : « Est-ce que tout, ici, t'appartient ? »

« Oui, » fut la réponse.

« Vraiment ? »

« Oui, vraiment. »

« Le *sannyasi* dit : « À qui appartenait l'argent qui t'a permis de l'acheter ? Interroge ta conscience. »

« Notre riche en fut tout décontenancé. Il comprit son erreur, et qu'en réalité rien ne lui appartenait. Il tomba aux pieds du *sadhu*.

« La « connaissance » que nous possédons aujourd'hui n'a pas été obtenue grâce à la *sadhana*. Nous n'avons fait que lire ce que d'autres ont écrit et nous voilà, oisifs, déclamant : « Je suis Brahman », sans montrer ni compassion, ni humilité ou capacité de pardon envers quiconque. De telles personnes n'ont pas même le droit de prononcer le mot « Brahman ».

« Si vous le lui apprenez, un perroquet répète aussi : « Brahman, Brahman ». Mais si un chat passe par là, le perroquet se mettra à crier de peur et mourra en criant. Au lieu de simplement répéter le mot « Brahman », il nous faut absorber ce principe, le fixer dans notre mental grâce à une contemplation ininterrompue. Ce principe est le symbole de la compassion et de l'infini. Seule l'expérience nous le révèle. Les êtres qui y sont parvenus n'ont pas besoin de répéter « Je suis Brahman ». Rien qu'en nous approchant d'eux, nous sentons cette qualité d'être. Leur sourire ne s'efface jamais, quelles que soient les circonstances.

« Brahman est contenu en nous comme l'arbre dans la graine. Mais que dire d'une graine qui proclamerait : « Je suis l'arbre » ? L'arbre est dans la graine, mais celle-ci doit d'abord être semée, germer et enfin croître. Une fois que l'arbre est adulte, vous pouvez même y enchaîner un éléphant. Mais si nous ne protégeons pas la graine, un oiseau pourrait bien la manger. Le principe suprême est effectivement contenu en nous, mais il nous faut l'amener sur le plan de l'expérience grâce à l'étude et à une méditation constante.

« Un jeune homme demanda un jour à un Maître de l'accepter comme disciple. L'ashram comptait de nombreux résidents. Le *guru* dit au jeune : « La vie spirituelle est très dure. Il vaut mieux que tu reviennes plus tard, quand tu seras plus âgé. »

« Le jeune en fut si désappointé que le *guru* dit : « D'accord. Que sais-tu faire ? » Le Maître suggéra différents travaux, mais le jeune homme n'était habitué à aucun d'entre eux. Il finit par proposer : « Pourquoi ne t'occuperais-tu pas de nos chevaux ? » « Comme vous voudrez », répondit le disciple.

« On lui donna donc la responsabilité des chevaux. Le nouveau disciple accomplit sa tâche avec un grand dévouement. Les chevaux devinrent bientôt plus forts, leur santé s'améliora.

« Le *guru* ne donnait pas d'ordinaire d'instructions particulières à ses disciples. Chaque matin, il leur donnait un verset à méditer et à mettre en pratique dans leur vie. Telle était sa méthode d'enseignement.

« Un jour, le Maître donna les versets plus tôt que de coutume. Il s'apprêtait à partir en voyage sur l'un des chevaux quand le jeune disciple, jusqu'alors pris par son travail, accourut pour avoir son verset. « Ô Maître, » dit-il, « quelle est ma leçon du jour ? » Le *guru* répliqua sévèrement : « Ne vois-tu pas que je pars en voyage ? Est-ce le moment de me poser une telle question ? » Il enfourcha le cheval et partit au trot. Le jeune ne fut pas déçu pour autant. Il se mit à méditer les paroles du *guru* : « Ne vois-tu pas que je pars en voyage ? Est-ce le moment de me poser une telle question ? »

« Le Maître revint le soir et ne trouva pas le jeune homme parmi les disciples. Il les interrogea et ceux-ci répondirent en se moquant : « Cet idiot est assis quelque part en train de marmonner des phrases du style : « Ne vois-tu pas que je pars en voyage ? Est-ce le moment de me poser une telle question ? » Et ils éclatèrent tous de rire. Le *guru* comprit ce qui était arrivé. Il appela le jeune homme et lui demanda ce qu'il faisait. Il répondit : « Maître, je méditais sur ce que vous m'avez dit ce matin. » Le *guru* en eut les larmes aux yeux. Il mit les mains sur la tête du disciple et le bénit. Les autres disciples en furent mécontents. Ils se plaignirent : « Maître, nous sommes ici depuis si longtemps et vous nous ignorez. Pourquoi accorder tant d'amour à ce sot ? »

« Le *guru* demanda à l'un d'entre eux d'aller chercher une sorte de drogue. Il prit la substance, la mélangea à de l'eau et en versa un peu dans la bouche de chacun, en leur disant de recracher immédiatement. Puis il leur demanda : « L'un de vous se sent-il drogué ? » « Comment serait-ce possible ? Vous nous avez demandé de recracher aussitôt ? »

« Le Maître dit alors : « C'est également ce que vous faites avec les versets que je vous donne le matin. Vous entendez ce que je dis et l'oubliez immédiatement. Mais le jeune homme que vous enviez est différent. Il accepte ce que je lui dis sans le mettre en doute, tant il a d'innocence. En outre, quand vous vous occupiez des chevaux, ils n'avaient que les os et la peau car vous ne les nourrissiez pas correctement. Vous ne les laviez pas et ils étaient irritables, donnant des coups de sabot à quiconque s'approchait. Depuis qu'il en a la responsabilité, ils sont en bonne santé et ont pris du poids. Si on s'approche d'eux, ils viennent et le mouvement de leur tête indique de l'amour. Il ne s'est pas contenté de les nourrir, il les aime. Il a accompli son devoir avec sincérité et sans faillir, accomplissant toute action pour elle-même. Par-dessus tout, il est capable d'intégrer tout ce que je dis sans le mettre en question. »

« Mes enfants, nous devons être comme ce disciple et ne considérer aucune parole du *guru* comme dénuée de sens. Nous devons être prêts à réfléchir sur ses paroles et à les assimiler complètement. Le Maître ne peut que répandre sa grâce sur un disciple qui se comporte ainsi. »

Parmi les dévots, une femme demanda : « Amma, est-il juste qu'un dévot marié, s'il se détache du monde, abandonne sa femme et ses enfants ? » Son mari, qui était à côté d'elle, rit en entendant la question et un rire général s'ensuivit.

Amma dit en riant : « Ne t'inquiète pas, ma fille. *Mon* (fils) ne te quittera pas pour venir ici. S'il le fait, nous te le renverrons tambour battant ! » Tout le monde rit.

Amma reprit : « Une fois que vous êtes marié, vous ne pouvez pas tout abandonner pour partir. Si vous avez atteint le degré requis de détachement et si votre famille est assez riche pour vivre sans vous, vous pouvez renoncer à tout. Mais il faut que le détachement soit réel, comme celui de Bouddha ou de Ramatirtha.

« Il est toujours mauvais de se jeter dans le *sannyasa* pour échapper à ses responsabilités. Le détachement doit être parvenu à maturité. Sinon, cela reviendrait à ouvrir un œuf avant qu'il éclose. »

Un dévot : « Je n'ai plus aucune envie d'aller à mon travail. La vérité et le *dharma* y sont méprisés et mes collaborateurs me font de la peine de bien des façons si je ne joue pas leur jeu. »

Amma : « Mon fils, tu n'es pas le seul à connaître ce problème. Bien des enfants qui viennent ici rencontrent les mêmes difficultés. De nos jours, il n'est pas facile de faire honnêtement son travail. La vérité et le *dharma* ne sont plus respectés et nous en subissons les conséquences. Ceux qui travaillent dans le monde doivent vaincre bien des obstacles. S'ils adhèrent à la vérité et à l'honnêteté, les actions de leurs collègues les dérangeront peut-être. À quoi bon se désoler et faiblir ? Mon fils, ne t'occupe pas de ce que font les autres. Agis selon ta conscience et Dieu ne t'abandonnera jamais. Ceux qui commettent de mauvaises actions en vue d'un bénéfice immédiat ignorent la souffrance qui les attend. Il leur faudra subir les conséquences de leurs actes demain, si ce n'est aujourd'hui. »

Amma fit une courte pause, puis demanda : « Quelle heure est-il, Mes enfants ? »

Un dévot : « Il est plus de onze heures. »

Amma : « Allez dormir maintenant, Mes enfants. Amma n'a pas encore lu les lettres qui sont arrivées ce matin. Il est temps pour Elle de monter. »

Amma Se leva ; comme Elle arrivait à l'escalier qui mène à Sa chambre, un dévot vint en courant se prosterner devant Elle.

Amma : « Qu'y a-t-il, Mon fils ? »

Le dévot : « Je pars demain matin de bonne heure et ne pourrai Te voir avant mon départ. C'est pourquoi je te dérange maintenant. »

Amma (en riant) : « Comment pourrais-tu déranger Amma ? »

Un dévot : « Je n'ai pas eu l'occasion de Te dire la raison de ma visite, Amma. Le mariage de ma fille aura lieu la semaine prochaine. Tout s'est déroulé comme Tu l'avais prédit. Je n'ai pas à donner un centime pour la dot. Le garçon travaille dans le Golfe Persique où elle ira vivre avec lui. Sa famille est à l'aise. »

Pendant sept ans, cet homme avait tenté d'arranger le mariage de sa fille. La planète Mars dans son horoscope exerçait une influence défavorable. Ils avaient envisagé de nombreuses offres, mais la plupart du temps les horoscopes ne s'accordaient pas. S'ils étaient en harmonie, la proposition tombait à l'eau. Pendant longtemps, le père s'était fait beaucoup de souci. Puis il entendit parler d'Amma et emmena sa fille La voir. Amma lui donna un *mantra* en disant : « Plus besoin de vous préoccuper de ce problème. Ma fille, répète ce *mantra* avec dévotion et tout ira bien. » Trois semaines plus tard, une proposition de mariage arriva par un parent éloigné. Les horoscopes indiquaient une entente excellente et la date du mariage fut bientôt fixée.

« J'ai apporté l'alliance destinée au garçon. Je T'en prie, Amma, bénis-la. » Il Lui tendit un petit paquet qu'Elle porta à Ses yeux avant de le lui rendre.

Amma monta l'escalier. Lilabaï, une dévote, L'attendait devant la porte de Sa chambre. Elle était triste, car elle avait perdu son *tali* (collier de mariage).

Amma : « Ne l'avais-tu pas apporté pour le donner à Amma ? Pense que Dieu l'a pris. Pourquoi te désoler ? »

Lila venait de Kottayam. La plus jeune de ses filles vivait à l'Ashram. C'est de là qu'elle allait à l'école. Le père de Lila n'approuvait pas que sa petite-fille vive à l'Ashram.

Amma : « Comment va ton père ? »

Lila : « Il n'aime pas du tout que nous venions ici et ne cesse de nous disputer. »

Amma : « Mais c'est normal ! Qui aime voir les filles de la famille se tourner vers la spiritualité ? »

Lila : « Amma, sa désapprobation n'est-elle pas l'effet de Ta volonté ? »

Amma : « Oh vraiment ? Qui dit cela ? » Elle rit.

« Celui qui choisit la voie de la spiritualité rencontre en général de nombreuses oppositions. C'est en les surmontant et en les dépassant qu'il montre la force de son lien avec Dieu. Si ton père est en colère contre toi, c'est son *samskara*. Pourquoi t'en inquiéter ? Ton *samskara* est de venir à l'Ashram.

« Imagine qu'au moment où tu t'apprêtes à sortir, le vent se mette à souffler en rafales, la pluie à tomber en trombes. Si, effrayée, tu restes chez toi, tu n'atteindras jamais ta destination. Lorsqu'on est mû par le désir sincère de réaliser Dieu, on ignore de tels obstacles et on avance. Si tu restes chez toi, cela montre que ta soif de Dieu n'est pas très ardente. Efforce-toi de parvenir au but en triomphant des difficultés que tu rencontres. C'est cela, le vrai courage. Les autres exprimeront leur opinion, qui correspond à leur vision du monde. Il n'y a aucune raison de s'inquiéter. Accorde-leur l'importance qu'ils méritent, sans leur en vouloir. »

Amma entra dans Sa chambre.

La lune regardait d'un œil furtif à travers les rideaux. Amma Se mit à écrire à Ses enfants du monde entier, dont beaucoup dormaient profondément à cette heure. De Ses douces paroles, Elle essuyait leurs larmes. Voyant que la *brahmacharini* qui écrivait sous Sa dictée s'était endormie sur les feuilles de papier,

Amma prit le stylo et Se mit à appliquer la pâte de santal apaisante de Ses paroles réconfortantes sur le mental en feu de Ses enfants. Peut-être venait-Elle aussi dans leurs rêves, leurs lèvres sèches s'éclairant alors d'un sourire…

Chapitre Deux

2

Mercredi 26 juin 1985

La dévotion

Amma et les *brahmacharis* se trouvaient dans la salle de méditation. Quelques dévots chefs de famille comme Padmanabhan et Divakaran étaient avec eux.

Padmanabhan, fondé de pouvoir dans une banque de Kozhikode (Calicut), mentionna la visite récente à l'Ashram d'un docteur homéopathe et de sa famille.

Amma : « Amma se rappelle bien leur visite. Il se considère comme un ardent partisan de l'*advaïta* ; la dévotion de sa femme, par contre, est grande. Il est peut-être venu au *darshan* parce qu'elle le lui avait demandé. En entrant, il a pris de grands airs et a déclaré : « Rama et Krishna n'existent pas. » Amma lui a répondu : « Tous les chercheurs parviennent au même résultat. Mais pour effectuer notre *sadhana*, nous avons besoin d'un *upadhi* (instrument ou accessoire). Comment peux-tu affirmer que Krishna ou Rama n'existent pas ? Même si tu ne vois pas Oachira sur une carte de l'Inde, peux-tu dire que cet endroit n'existe pas ? Notre sens de l'*advaïta* se limite à des mots. Il est impossible de parvenir à ce niveau de conscience sans dévotion. » Il n'a rien répondu à cela. »

Amma attrapa un stylo et écrivit : « Namah Shivaya » sur Son avant-bras gauche. Elle sembla entrer en extase en écrivant. Fixant intensément du regard le *mantra* écrit sur Son bras, Amma dit à Padmanabhan : « Autrefois, Amma avait l'habitude de serrer l'oreiller contre Son cœur quand Elle allait Se coucher. Elle le couvrait de baisers, incapable d'y voir un oreiller. Elle avait le sentiment que c'était Dévi. Elle restait là, étendue, les lèvres sur le mur, imaginant qu'Elle embrassait la Mère divine. Ou bien Elle écrivait « Namah Shivaya » sur l'oreiller, sur la natte, et embrassait le nom divin. Elle ne S'endormait que quand Elle était au bord de l'évanouissement à force d'appeler Dévi en pleurant. »

Amma se tut, immobile. Ses yeux se fermèrent lentement. Les vagues de béatitude qui La submergeaient étaient visibles sur Son visage. Tout le monde méditait, les yeux fixés sur Elle. Un *brahmachari* chanta :

Mauna ghanamritam santiniketam...

Demeure du silence infini,
Paix éternelle et beauté,
Dans laquelle s'est dissout le mental de Gautama Bouddha,
Lumière qui détruit l'esclavage,
Rive de la joie que la pensée ne peut atteindre.

Connaissance qui donne à jamais l'équanimité,
Demeure sans commencement ni fin,
Béatitude que l'on éprouve lorsque le mental est en paix,
Source de toute-puissance,
Demeure de la conscience infinie.

« Tu es Cela » : le but qu'indique cette parole,
Ce but qui nous donne la joie éternelle de l'état non-duel,
C'est lui que je désire atteindre, et pour cela,
Ta grâce est l'unique moyen.

Le chant terminé, Amma ouvrit les yeux au bout d'un moment.

La nature du *guru*

Divakaran : « J'ai un ami qui a vécu quelque temps auprès d'un swami dont il avait reçu un *mantra*. Un jour le swami l'a réprimandé. Mon ami l'a quitté aussitôt. »

Amma : « Mon fils, dans la vie spirituelle, si tu acceptes quelqu'un comme *guru*, ta foi et ton dévouement envers lui devraient être sans faille. Le Maître peut se montrer parfois sévère, mais c'est pour le bien des disciples, qui ne devraient jamais le critiquer pour cette attitude à laquelle il ne s'identifie pas. Une mère qui gifle son enfant pour l'empêcher de mettre la main au feu ne le fait pas par mépris pour Son enfant, mais pour le sauver du danger. Ton ami aurait dû comprendre que le *guru* le disputait pour son bien. »

Divakaran : « Il a déclaré qu'il était parti parce qu'il ne pouvait imiter bien des actions du Maître. »

Amma : « Le disciple ne doit pas faire tout ce que fait le *guru*. Cela l'empêcherait de progresser. Personne ne peut se faire l'émule du Maître. Il nous faut utiliser notre discernement et choisir, parmi les actions du *guru*, celles qu'il convient d'imiter, sans jamais songer : « Mon *guru* a bien fait cela, pourquoi n'en ferais-je pas autant ? Rien ne lie les *Mahatmas*, qui ont atteint l'état de perfection. Ils ressemblent à des arbres géants auxquels on peut attacher des éléphants. Inutile de les entourer d'une clôture. Mais nous sommes de petites plantes et nous avons besoin d'une barrière pour nous protéger des vaches et des chèvres. Les actions des *Mahatmas* ne sont pas comparables aux nôtres et nous ne devons pas tenter de les imiter toutes.

« Les actes d'un être humain normal sont motivés par la croyance : « Je suis ce corps » . Mais un être réalisé sait qu'il est pure conscience. Beaucoup de ses actions sont incompréhensibles pour les êtres ordinaires.

« Il était une fois un *Mahatma* qui faisait chaque matin bouillir de l'huile. Il se la versait aussitôt sur le corps, puis il allait prendre son bain. Voyant cela, un de ses disciples pensa que cette habitude était sans doute la source de tous les pouvoirs du *guru*. Le lendemain, il s'aspergea d'huile bouillante. Vous pouvez imaginer le résultat ! *(Rire général)* Si nous copions tout ce que fait le Maître, nous pourrions bien faire la même expérience. Il nous faut donc choisir les comportements qui nous aideront à progresser. »

La *sadhana* est indispensable

Divakaran : « J'ai visité d'autres ashrams et je n'ai rencontré nulle part un emploi du temps semblable à celui en vigueur ici. Je vois que l'accent est mis sur la méditation et le karma yoga. Dans beaucoup d'endroits, c'est l'étude des Écritures qui a la place d'honneur. »

Amma : « Tant que les objets du monde nous troublent, nous avons besoin de pratiquer régulièrement le *japa* et la méditation pour les transcender. Cela exige au départ beaucoup d'efforts de notre part, mais à force, cela devient naturel. Seule la *sadhana* nous permet de progresser. Sans elle, nous n'avons rien. À quoi sert d'étudier et de faire des discours ? Quelle est la différence entre un orateur et un magnétophone ? Il ne fait que réciter ce qu'il a appris, c'est tout. Pouvons-nous apaiser notre faim en lisant des livres de cuisine ? Il nous faut préparer de la nourriture et la manger. *Tapas* (les austérités) est indispensable : cela renforce en nous les bonnes *vasanas* et qualités. La pureté et la concentration du mental sont essentielles. Amma ne dit pas que l'étude des Écritures est inutile, mais elle doit aller de pair avec la *sadhana*, dont l'importance est primordiale et qui doit être accomplie sans faille. La *sadhana* devrait devenir une seconde nature, comme l'habitude de nous brosser les dents et de nous laver quotidiennement.

« Lorsque nous aurons été formés à l'Ashram et que nous irons dans le monde en portant les vêtements fournis par l'Ashram, des milliers de gens nous témoigneront de l'amour et du respect. Mais Amma déclare à Ses enfants que ceux qui les insultent sont leurs meilleurs *gurus*. Seul un traitement déplaisant nous incitera à nous examiner attentivement, ce que nous ne ferons pas si nous ne sommes entourés que de gens qui nous aiment. Si nous rencontrons de l'hostilité, demandons-nous : « D'où vient leur attitude envers moi ? Quelles fautes ai-je donc commises pour mériter un pareil traitement ? » Les accusations lancées contre nous nous permettront ainsi de grandir spirituellement. »

Padmanabhan : « Amma, vaut-il mieux d'abord travailler à nous libérer ou bien œuvrer pour le bien d'autrui ? »

Amma : « Pour que nous soyons capables de ne penser qu'au bien d'autrui, il faut que notre égoïsme ait complètement disparu. Atteignons d'abord ce niveau de conscience. Les prières et les actions que nous accomplissons dans ce but forment la voie de notre libération. Il s'agit de nous oublier complètement pour ne songer qu'au bien des autres. Lorsque nous vouons notre vie uniquement aux autres, notre mental en est purifié. »

Un *brahmachari* qui écoutait la conversation posa une question concernant le pouvoir du Maître. Amma répondit : « Il existe différentes sortes de *gurus*. Les *satgurus*, par un simple *sankalpa* (résolution), peuvent accorder la libération. Leur souffle même est bénéfique pour la nature. »

Bri : « On dit que le Maître protège les disciples de tout danger. Mais si un disciple se trouve en péril alors que le *guru* est en *samadhi*, comment le saura-t-il ? Comment le protègera-t-il ? »

Amma : « En fait, personne n'est séparé du Soi. Ne sommes nous pas tous contenus en Lui ? La rivière a deux berges, mais un seul lit. Quand le *guru* est en *samadhi*, il est uni au Soi. Il sera au courant de la situation. »

La grandeur de la dévotion

Padmanabhan : « Amma, bien des gens ne reconnaissent pas la grandeur de la dévotion. Et nombre de dévots qui se rendent chaque jour au temple pour y prier, ne semblent pas mener une vie très spirituelle. »

Amma : « Certains croient que la dévotion consiste à se rendre dans de nombreux temples pour y adorer cent divinités différentes. Une telle dévotion n'est que foi aveugle et n'est pas fondée sur les principes spirituels. Les témoins de ce comportement jugent que la dévotion se réduit à cela et critiquent tout ce qui s'y rapporte. Les êtres spirituels ne s'opposeront jamais à *tattvattile bhakti* (la dévotion fondée sur la connaissance spirituelle).

« Il s'agit de comprendre que le but de la vie est de réaliser Dieu et de L'adorer en gardant cette pensée toujours présente à l'esprit. *Tattvatile bhakti* consiste à reconnaître qu'un seul et même Dieu se manifeste à travers tous les êtres vivants et toutes les divinités, tous les noms et toutes les formes. C'est un abandon désintéressé de nous-mêmes à Dieu. Voilà le genre de dévotion qu'il nous faut.

« Sans dévotion, il est difficile d'accéder à *jnana* (la sagesse spirituelle). Impossible de rien construire si nous n'avons que des graviers. Il faut ajouter du ciment et fabriquer du béton. Sans le liant de l'amour, nous ne pouvons bâtir les marches menant à Dieu.

« Il existe des aliments très variés, néanmoins, qui souffre d'une indigestion ou d'une autre maladie ne peut pas manger n'importe quoi. Mais le *kanji* (gruau de riz fait à partir de la céréale concassée) est digeste pour tous les estomacs. Ainsi, la voie de la dévotion convient à tous.

« Tant que subsiste le sens du « moi », nous avons besoin d'un centre *(upadhi)* sur lequel fixer notre mental, afin d'éliminer l'ego. La dévotion est notre amour pour ce centre ; c'est le désir ardent de réaliser Dieu. On peut la comparer au désinfectant que nous utilisons pour nettoyer une plaie : elle purifie le mental.

« Pour pouvoir semer la graine de la connaissance dans le champ du mental, il nous faut l'irriguer avec l'eau de la dévotion. Nous pourrons alors récolter la libération. Celui qui a goûté ne serait-ce qu'une seconde à *prema bhakti* (la dévotion qui est amour suprême) ne s'en écartera jamais. Mais cette dévotion ne naît pas chez tous les dévots. Les participants à une loterie ne gagnent pas tous le premier prix ; une personne sur un million l'obtient. De même, un dévot sur un million accède à *prema bhakti*. »

Au beau milieu de Ses louanges à la gloire de la dévotion, Amma Se tut. Son mental quitta le monde extérieur pour s'élever vers un plan de conscience supérieur. Assise les yeux mi-clos, Sa forme immobile évoquait pour tous la Mère divine, au-delà de tout attribut, qui, en apparence inactive, accomplit toute chose. La dualité embrassée par dévotion est bien plus belle que la non-dualité.

Un peu plus tard, Amma ouvrit les yeux. Mais Elle n'était pas d'humeur à parler. L'expression de Son visage montrait qu'Elle était dans un autre monde. Était-ce la même Amma qui S'était jusqu'à présent montrée si éloquente ?

Au bout de quelques minutes, Elle S'approcha d'un enfant et lui donna deux bonbons, qu'Elle tira d'un paquet offert par un dévot. Elle embrassa le gamin sur le front en disant : « Ce bonbon te procure du plaisir maintenant, mais il va te gâter les dents. Si tu connais Dieu, le plaisir est éternel, et ce n'est pas mauvais pour les dents ! »

Amma quitta la salle de méditation pour Se rendre dans la hutte de *darshan*. Les dévots qui L'y attendaient approchèrent et se prosternèrent un par un. Une femme étreignit Amma très fort et se mit à pleurer. Mariée depuis plusieurs années, elle n'avait pas d'enfants. Telle était la cause de son chagrin.

Amma : « Ma fille, tu pleures parce que tu n'as pas d'enfants. Mais ceux qui en ont pleurent en voyant leur comportement ! »

Amma lui releva le visage, essuya ses larmes en disant : « Ne t'inquiète pas, Ma fille. Prie Dieu. Amma va faire un *sankalpa* pour toi. »

L'espoir illumina le visage de la dévote.

Les instructions d'Amma

Amma demanda à un enfant de chanter un *kirtan*. La tendre mélodie jaillit doucement des lèvres de l'enfant qui ne montrait aucune trace de timidité ou de fierté. Amma battait la mesure en frappant dans Ses mains et Elle Se joignit aux autres pour chanter en chœur. Quelques dévots méditaient.

Dévi Dévi Dévi Jaganmohini

Ô Déesse qui enchante le monde
Ô Chandika, qui a tué les démons Chanda et Munda
Ô Chamundesvari, Mère divine,
Montre-nous le droit chemin,
Pour nous faire traverser l'océan de la transmigration.

Le chant terminé, Amma rompit le silence. « Vous devriez

entendre Sougounacchan (le père d'Amma) faire son *japa*. C'est très intéressant. Il répète : « Narayana, Narayana... » à toute vitesse et sans reprendre son souffle. » (Amma fit rire tout le monde en l'imitant.) Le mental ne vagabonde pas si vous pratiquez le *japa* ainsi. Personne ne lui a appris, il a trouvé cela tout seul. »

Amma monta dans Sa chambre mais revint peu après et Se mit à faire les cent pas dans la cour. Puis Elle entra dans le bureau de l'Ashram et S'y assit, entourée de trois ou quatre *brahmacharis*.

Le bureau était une petite pièce. Amma attrapa quelques enveloppes qui se trouvaient sur la table, prêtes à être postées.

Amma : « Mon fils, qui a écrit ces adresses ? Est-il possible d'écrire aussi mal ? Voyez, quel manque de soin ! Il faut libeller une adresse proprement, même si cela exige un peu plus de temps, n'est-ce pas ? Ou bien choisis quelqu'un qui a une belle écriture. Qui peut déchiffrer les adresses si les lettres se chevauchent ainsi ? Il faut les réécrire. Chacune des actions d'un *sadhak* doit être accomplie avec *shraddha*. »

Elle S'apprêtait à donner les enveloppes à un *brahmachari*, quand Elle remarqua les timbres.

Amma : « À quoi songez-vous donc quand vous travaillez, Mes enfants ? Ces timbres sont collés à l'envers ! C'est de la négligence pure. Les actions d'une personne indiquent clairement l'intensité de sa *lakshya bodha* (son désir d'atteindre le but).

« Vous êtes tous venus ici pour réaliser Dieu. Sans patience ni vigilance, vous n'y parviendrez pas. Comment vous concentrerez-vous pendant la méditation si vous ne faites pas preuve de *shraddha* dans les petites choses, sur le plan matériel ? La méditation est très subtile. Ce sont le soin et la patience dont nous faisons preuve dans nos moindres actes qui nous permettent d'accomplir de grandes choses.

« Écoutez cette histoire : il était une fois un *Mahatma* qui demanda à sa femme de toujours poser un verre d'eau et une aiguille à côté de lui lorsqu'il s'asseyait par terre pour manger. Sa femme n'y manqua jamais, sans lui en demander la raison. Quand la mari fut bien vieux et que sa mort approcha, il l'interrogea : « As-tu quelque chose à me demander ? » Elle répondit : « Non, je n'ai besoin de rien, mais il y a une chose que j'aimerais savoir. Pendant toutes ces années j'ai fait ce que tu m'avais dit et j'ai posé un verre d'eau et une aiguille à côté de toi quand tu mangeais. Mais je n'ai jamais compris à quoi cela servait. » Le *Mahatma* lui expliqua : « Si un grain de riz était tombé par terre pendant que tu me servais ou que je mangeais, je voulais le ramasser avec l'aiguille et le nettoyer en le plongeant dans l'eau avant de le manger. Mais grâce à ta vigilance, pas un seul grain de riz n'est tombé pendant toutes ces années. Je n'ai donc pas eu besoin de l'aiguille ni de l'eau. »

« Toute leur vie ils faisaient attention à ne pas même gaspiller un grain de riz. Seuls ceux qui sont capables d'une telle *shraddha* deviennent des *Mahatmas*. »

Bri : « Nous allons refaire les enveloppes de ces lettres avant de les poster, Amma. »

Amma : « Ces enveloppes seraient perdues, fils ! Avons-nous de l'argent à gaspiller ainsi ? Ne gâchez pas les timbres non plus. Il suffit d'écrire proprement chaque adresse sur un morceau de papier que vous collerez ensuite sur l'enveloppe. Faites plus attention désormais, voilà tout. »

Amma entra dans la bibliothèque, située juste à côté du bureau et S'assit par terre avant que les *brahmacharis* aient eu le temps d'étaler une natte sur le sol. Elle prit un livre d'images qui racontait les jeux de l'enfant Krishna et Se mit à examiner chaque illustration en détail. L'une d'elles montrait Krishna tenant la montagne Govardhana levée sur Son petit doigt. Il pleuvait à seaux et toutes les vaches, tous les pâtres s'étaient réfugiés sous la montagne.

Voyant l'image, un *brahmachari* demanda à Amma : « Amma, Sri Krishna n'a-t-il pas exhibé un *siddhi* quand il a soulevé la montagne Govardhana ? »

Amma : « Sri Krishna n'a pas soulevé la montagne pour convaincre les autres de Sa puissance ou pour gagner leur respect. Les circonstances exigeaient qu'il agisse. Il tombait des cordes et il n'y avait pas d'autre moyen de protéger Ses compagnons. Il fit donc ce qu'Il devait faire. »

Amma marqua une courte pause, puis Elle reprit : « Le but d'un *Mahatma* est de guider les gens sur la voie du *dharma*. Le *darshan* d'un *Mahatma* transforme le cœur de quantité de méchantes gens. »

Amma entendit la cloche qui annonçait le déjeuner et dit : « Mes enfants, allez manger. Amma a du travail ». Puis Elle monta dans Sa chambre.

Manasa puja (adoration mentale)

Un *brahmachari* attendait Amma dans Sa chambre. Il Lui lut un article qu'il avait écrit pour *Matruvani*, la revue de l'Ashram.

Amma : « Comment va ta méditation, Mon fils ? »

Bri : « Je manque de concentration, Amma. »

Amma : « Essaye *manasa puja*, fils. Le mental est comme un chat. Nous avons beau nous occuper de lui avec beaucoup d'affection, un moment d'inattention suffit pour qu'il mette la tête dans la casserole et vole de la nourriture. Manasa *puja* est une méthode qui permet de fixer le mental capricieux sur Dieu. Accomplis cette adoration en appelant : « Amma, Amma ! » avec amour, dévotion et un désir intense. Imagine que tu tiens la main de la Mère divine et que tu verses de l'eau sur Elle pour Lui donner Son bain. Regarde l'eau qui coule sur toutes les parties de Son corps. Ne cesse pas de l'appeler et visualise Sa forme. Imagine que tu fais *abhisheka* en utilisant successivement du lait, du miel, du beurre, du *ghi* (beurre fondu), de la pâte de santal et de l'eau de rose. Vois comment ces substances coulent le long de Son corps, de la tête aux pieds, visualise chaque partie de Sa forme. Parle-Lui et prie. Après Lui avoir ainsi donné le bain, sèche Son corps avec une serviette, revêts-La d'un sari de soie et pare-La de bijoux. Applique une marque vermillon sur Son front. »

Amma arrêta la description et resta longtemps en méditation.

Puis Elle ouvrit les yeux et reprit : « Mets-Lui des bracelets de cheville, passe une guirlande autour de Son cou et admire

Sa beauté. Puis, fais l'*archana* avec des fleurs. Prends la fleur, qui représente ton mental, et imagine que tu offres chaque pétale à Ses pieds. Ou bien imagine que tu jettes tes *vasanas* dans un feu sacrificiel qui brûle devant Elle. Après l'*archana*, offre-Lui le *payasam* de ton amour. Dans ton imagination, accomplis l'*arati* pour Elle et vois comment chaque partie de Son corps brille à la lumière de la flamme. Enfin, imagine que tu fais *pradakshinam* autour de Dévi. Ne cesse pas de prier pendant toute la *puja*.

« Mon fils, essaye de faire tout cela avec *prema*. Alors ton mental ne vagabondera plus. »

Les paroles d'Amma insufflèrent au *brahmachari* une énergie nouvelle sur le chemin de sa *sadhana*. Il quitta la chambre d'Amma avec un sentiment de grande plénitude. Il venait juste de voir quelques-uns des innombrables visages d'Amma : le *guru* omniscient qui montre le chemin à Ses disciples ; la Mère aimante, toujours inquiète du bien-être de Ses enfants, et l'administrateur hors pair qui gère les affaires de l'Ashram avec grande habileté.

Vendredi 5 juillet 1985

Vers dix-huit heures, un professeur accompagné d'un ami arriva de Kozhencheri pour voir Amma. Après s'être lavé les mains et les pieds, ils allèrent se prosterner dans le *kalari*. Les instruments de musique étaient déjà installés pour les *bhajans*. Un des visiteurs s'adressa au *brahmachari* qui accordait les tablas : « Nous sommes partis de chez nous ce matin, mais nous arrivons tard parce que nous n'étions pas sûrs du chemin. Nous aimerions voir Amma et rentrer ce soir. »

Bri : « Amma vient juste de remonter dans Sa chambre. Jusqu'ici Elle était restée à converser avec les dévots. Vous La verrez peut-être quand Elle descendra pour les *bhajans*. »

La déception se lisait sur le visage des visiteurs : ils avaient manqué le *darshan* de quelques minutes.

Bri : « Vous aurez peut-être du mal à rentrer ce soir, car il est difficile d'avoir un bus à cette heure tardive. Pourquoi ne pas rencontrer Amma et rentrer demain ? »

Le professeur : « J'ai promis à ma famille de rentrer ce soir et ils s'inquiéteraient. Si seulement nous pouvions voir Amma un moment... Je suis certain qu'avec Sa bénédiction, nous n'aurions pas de problèmes pour rentrer. »

Bri : « Comment avez-vous entendu parler d'Amma ? »

Le professeur : « Par le père d'un de mes étudiants. Il avait les larmes aux yeux en me parlant d'Amma. Il m'a raconté que sa femme avait été clouée au lit pendant quatre ans. Elle ne pouvait même pas se lever seule. Ils avaient essayé bien des traitements, mais en vain. L'an dernier ils ont rencontré Amma, et après avoir reçu Sa bénédiction, la femme fut complètement guérie. Il a ajouté qu'ils étaient venus voir Amma la semaine dernière. »

Le *brahmachari* déploya une natte pour les visiteurs et dit : « Vous pouvez vous asseoir ici. Si vous devez vraiment rentrer cette nuit, allez vous prosterner devant Amma quand Elle viendra pour les *bhajans* et partez ensuite. »

Le professeur : « Mon beau-père est venu me voir récemment. Il va souvent écouter des *satsangs*. Quand je lui ai parlé d'Amma, il m'a demandé si Elle était réalisée. Que dois-je répondre ? »

Bri : « L'autre jour j'ai entendu quelqu'un poser la même question à Amma. Elle dit : « Oh, Amma n'est qu'une folle, Elle ne sait rien ! » Mais l'homme ne se contenta pas de cette réponse et insista. Amma finit par lui répondre : « Ne demande pas à une mère de dix enfants si elle a jamais accouché ! »

C'était l'heure des *bhajans*. Les *brahmacharis* étaient prêts. Amma arriva ; le professeur et son ami allèrent se prosterner devant Elle. Amma leur mit la main sur l'épaule en disant : « Vous venez juste d'arriver, Mes enfants ? Amma est restée ici jusqu'à près de six heures et n'est remontée dans Sa chambre que pour peu de temps. »

Le professeur : « Nous sommes arrivés tout de suite après Ton départ. C'est une chance pour nous de pouvoir Te rencontrer maintenant. Nous avons promis de rentrer ce soir. Sinon nous resterions volontiers jusqu'à demain. »

Amma : « Avez-vous quelque chose à Me demander, Mes enfants ? »

Elle les conduisit devant la salle de méditation. Ils s'assirent là, pendant que les *bhajans* commençaient dans le *kalari*.

Les principes de la vie spirituelle

Le professeur : « Je n'ai pas de problèmes d'argent, Amma, mais je suis très inquiet au sujet de mes enfants. Je n'ai pas l'esprit en paix. »

Amma : « Mon fils, quand ton mental est agité, dis ton *mantra*. Si tu cherches une consolation dans quoi que ce soit d'autre, tout s'effondrera. Si un objet ne t'apporte pas la paix, tu en essayeras un autre, puis un autre, sans succès, car tu ne trouveras pas la paix ainsi. Rien ne te la procurera. Mais si tu te souviens de Dieu et répètes ton *mantra*, tu seras vite calme et paisible. Ton mental sera capable d'affronter n'importe quelle situation. »

Le professeur : « Amma, parfois je songe même à me faire *sannyasi*. »

Amma : « C'est une décision qui demande à être mûrement réfléchie. Il ne s'agit pas d'embrasser l'état de *sannyas* pour échapper à une souffrance à laquelle nous sommes confrontés. Le renoncement doit venir de votre compréhension des idéaux spirituels. La vie spirituelle exige beaucoup de patience, sinon elle aboutit à une déception. Elle requiert la même discipline et les mêmes limitations que la vie en prison. Cette prison deviendra ensuite la voie menant à la liberté. Un *sadhak* qui ne détourne jamais son regard de Dieu parviendra au but.

« Bien des gens interrogent les enfants qui sont ici : « Pourquoi vivez-vous à l'Ashram ? Vous pourriez trouver du travail et mener une vie agréable. » Ils répondent : « Nous avons vécu dans le monde avec de l'argent en suffisance et tout le confort possible, mais nous n'avions aucune paix intérieure. Ici, sans confort, nous trouvons la paix et la tranquillité. Nous nous efforçons de toujours maintenir cette paix en pratiquant le *japa* et la méditation. L'expérience nous a montré que seul le souvenir de Dieu procure une paix réelle. Notre désir de rester à l'Ashram vient de cette expérience. »

Le professeur : « Bien que ce soit notre première visite, nous avons parlé à des personnes qui viennent ici fréquemment. Chacune d'elles a une vision différente de Toi, Amma. Certaines Te voient comme Dévi, d'autres comme Krishna, d'autres encore comme leur gourou. Pour les uns, Tu es la Mère, incarnation de l'amour et de l'affection. Pour les autres, Tu es une femme ordinaire. Qui es-Tu vraiment, Amma ? Nous aimerions le savoir. »

Amma : « Mes enfants, chacun voit en fonction de son *sankalpa*. La même femme est l'épouse de son mari, la mère de son enfant et la sœur de son frère. Un homme est perçu différemment par sa femme, sa mère et sa fille, n'est-ce pas ? La différence est dans la conception de chacun, le *sankalpa*. Prenez une belle fleur. L'abeille butine le nectar, le poète compose un poème, le peintre en fait un tableau. Pour le ver, c'est de la nourriture. Le savant sépare les pétales, le pollen et les graines pour effectuer une recherche, le dévot l'offre à la divinité qu'il adore. Chacun voit la fleur selon ses capacités et la formation reçue. »

Après une courte pause Amma reprit : « Mon fils, les étiquettes sont données par les autres. Amma ne déclare pas qu'Elle est un *Mahatma* ou qu'Elle est Dieu. Son but est simplement de protéger les gens de la chaleur accablante qu'est la vie dans le monde en les amenant sous l'ombrelle de Dieu. Il s'agit pour Elle d'amener si possible un changement dans l'esprit de ceux qui nuisent aux plus faibles et de les aider à accomplir de bonnes actions, bénéfiques pour eux-mêmes et pour le monde. Pour Amma, il n'y a aucune différence entre ceux qui L'aiment et ceux qui La haïssent. »

Le professeur : « Certaines personnes affirment qu'ici, on détourne les jeunes du droit chemin. »

Amma : « Mon fils, avant de donner notre avis sur quoi

que ce soit, ne faut-il pas nous renseigner, observer et examiner ? Pourtant, bien des gens ont l'habitude de juger sans savoir, sans connaître par expérience. Un être qui cherche sincèrement la vérité peut-il accepter leur opinion ?

« Beaucoup de personnes ont abandonné de très mauvaises habitudes et ont été complètement transformées après leur venue ici. Des alcooliques ont cessé de boire. Comment peux-tu donc déclarer qu'il s'agit d'un mauvais lieu ? Pourquoi attacher de l'importance à des paroles, sans rien connaître ni observer par soi-même ? Il y a des gens capables d'acheter un sari sans aucune valeur à n'importe quel prix si on leur dit que c'est de l'importation. Ce qui est fabriqué en Inde, si beau que ce soit, ne les intéresse pas. Quelqu'un écoute la radio et s'exclame : « Oh, quel beau chant ! » Si son ami lui révèle que c'est la voisine qui chante, l'auditeur change d'avis : « Oh vraiment ? Cela explique tout. Je pensais en réalité que c'était affreux. » Telle est la nature humaine. Les gens ont perdu la faculté de distinguer entre le bien et le mal, le beau et le laid. Ils décident à l'avance ce qu'ils vont voir et dire. »

Le professeur (montrant l'homme qui l'accompagne) : « C'est un de mes proches amis. Il traverse de sérieuses difficultés. Son affaire va mal et il perd de l'argent. »

Amma : « Il traverse peut-être une période défavorable, fils. Il y en a toujours dans la vie. Mais rappelez-vous toujours que Dieu peut vous aider, réduire vos problèmes et vous soulager dans une large mesure. »

Le professeur : « Il ne croit pas aux temples, etc. »

L'ami : « Amma, Dieu est partout, n'est-ce pas ? Il n'est pas limité aux quatre murs d'un temple. »

Amma : « Ne considère pas les choses de cette manière, fils. Le vent souffle partout, et pourtant nous utilisons des ventilateurs, n'est-ce pas ? L'ombre d'un arbre ne nous apporte-t-elle pas un bien-être spécial ? L'atmosphère n'est pas la même partout. En entrant dans un temple, vous n'éprouvez pas la même sensation qu'en entrant dans un bureau. Ne règne-t-il pas une paix spéciale, une fraîcheur particulière aux abords d'un temple ? Le souvenir constant de Dieu crée une atmosphère de cette qualité. Ne crois pas que ce soit une perte de temps d'aller au temple. Les enfants du cours préparatoire utilisent des graines ou des billes pour apprendre à compter. Une fois qu'ils savent, ils n'en ont plus besoin. En s'aidant d'un rondin de bois, il est facile d'apprendre à nager. L'apprentissage terminé, il devient inutile.

« Un sportif qui remporte une compétition de saut en longueur peut franchir plusieurs mètres, mais avant qu'il parvienne à ce résultat, il lui faut des années d'entraînement. Tout le monde n'y parvient pas. Quelques *Mahatmas* voient Dieu en tout ; tu peux les compter sur les doigts. Ils n'ont pas besoin de temples. Mais il faut songer aux autres, qui ne peuvent accéder à la vérité suprême qu'à l'aide de ces supports. »

Amma Se leva en disant : « Mes enfants, Amma va chanter maintenant. Attendez tous deux la fin des *bhajans* avant de rentrer. »

Avant qu'ils puissent répondre, Amma Se dirigea vers le *kalari* et Se joignit aux chants. La douceur de la dévotion emplissait l'atmosphère.

Kannunirillatta kannukalenkilum...

Mes yeux sont secs,
Pourtant mon cœur se tord de douleur ;
Aucun son ne sort de mes lèvres,
Mais Ton mantra ne quitte pas ma langue,
Ô Mère !

Ô arbre mystique qui exauce les désirs,
Mon mental est toujours posé sur Tes fleurs,
Mais Mâya, le cruel chasseur,
S'apprête à m'abattre !

Ô Toi, qui accordes de bons auspices,
Tu es venue appliquer de la pâte de santal
Sur les blessures de mon âme,
Baigne-moi dans le frais clair de lune de Ton amour,
M'accordant ainsi la plénitude !

L'*arati* terminé, une famille s'approcha d'Amma et se prosterna. Ils habitaient Kozhencheri.

Amma : « Êtes-vous partis de chez vous aujourd'hui, Mes enfants ? »

Dévot : « Nous sommes venus rendre visite à un parent qui habite tout près, à Kayamkulam. Nous avons alors pensé à nous arrêter à l'Ashram avant de rentrer. »

Amma : « Cela fait bien un mois que vous êtes venus, n'est-ce pas ? »

Dévot : « Oui. Il nous a ensuite été impossible de venir, mon père étant cloué au lit par les rhumatismes. »

Amma : « Comment va-t-il maintenant ? »

Dévot : « Il va bien ; il doit nous accompagner ici la semaine prochaine. »

Amma : « Amma va vous donner du *prasad* pour lui. Rentrez-vous cette nuit ? »

Dévot : « Oui, Amma. Ma fille travaille demain. »

Amma : « Mais comment allez-vous rentrer ? Il est tard. »

Dévot : « Nous sommes venus en jeep. »

Amma : « Oh, il y a deux autres enfants qui viennent de votre ville. Ils s'apprêtaient à repartir en bus mais Amma leur a demandé d'attendre la fin des *bhajans*. »

Dévot : « Pas de problème. Il y a beaucoup de place dans la jeep et nous ne sommes que trois. »

Amma leur présenta le professeur et son ami. Le professeur dit : « Nous allions partir après avoir vu Amma. Quand Elle nous a demandé de rester, nous avons eu peur de manquer le dernier bus. Nous voyons maintenant que si nous Lui faisons confiance, tous nos problèmes seront résolus. »

Amma demanda à une *brahmacharini* d'apporter des *vibhutis* (des cendres sacrées) et les distribua comme *prasad*. Elle en donna une portion spéciale pour le père du dévot. Après avoir ordonné à une *brahmacharini* de veiller à ce que tout le monde ait à dîner, Elle remonta dans Sa chambre.

Lundi 8 juillet 1985

Il était dix-sept heures ; Amma était assise dans le *kalari*. Un *brahmachari* qui était allé en ville acheter des légumes arriva, portant son fardeau. Il avait sur la tête un gros sac de riz et en outre un sac de légumes en équilibre sur l'épaule. La charge était visiblement trop lourde pour lui. Voyant qu'il peinait, Amma prit le sac de riz et le posa par terre. Elle lui demanda :

« Es-tu parti seul alors que tu devais acheter tout cela ? Tu n'aurais-tu pas pu emmener quelqu'un ? »

Bri : « Je ne pensais pas que ce serait si lourd. »

Deux *brahmacharis* emportèrent le sac à la cuisine.

Amma : « Bien sûr, comment pourrais-tu savoir ce que pèseront tes achats, alors que tu n'as jamais travaillé chez toi, ni soulevé une lourde charge ? Comment as-tu fait pour mettre le sac de riz sur ta tête ? »

Bri : « Le passeur m'a aidé. »

Amma : « Pauvre enfant ! Désormais, ne va plus seul faire le marché. »

Elle passa les doigts dans ses cheveux ; « l'enfant » savourait Sa caresse, oubliant tout le reste, ravi de béatitude.

Joies et peines de la vie profane

Amma retourna S'asseoir devant le *kalari*. Une femme s'approcha d'Elle et se prosterna. Amma la prit dans Ses bras et l'embrassa. La femme posa la tête sur les genoux d'Amma et se mit à sangloter. Elle ne cessait de répéter : « Si seulement Amma faisait un *sankalpa*, tous mes ennuis seraient finis. »

Amma la consola, lui donnant de petites tapes dans le dos. « Ma fille, est-il suffisant qu'Amma fasse un *sankalpa* ? Il faut que tu sois prête à l'accepter. Même si Amma allume la lumière, c'est à toi d'ouvrir la porte pour qu'elle entre. Si les portes sont hermétiquement fermées, comment recevras-tu la lumière ? Si Amma prend une résolution, pour que tu en bénéficie, il te faut penser à Dieu. Consacre tous les jours un peu de temps à répéter le nom de Dieu. Nous perdons chaque jour tant de temps ! Suffit-il de dire qu'Amma doit tout arranger, si tu ne fais toi-même aucun effort ? »

Cette femme était convaincue que tous ses ennuis venaient d'un mauvais sort jeté par les voisins et elle s'efforçait d'en convaincre Amma, L'implorant de punir ses ennemis et de la protéger. Elle avait répété plusieurs fois sa demande. La voix d'Amma se fit plus sévère quand il fut manifeste que la femme ne prêtait aucune attention à ce qu'Elle disait. Les plaintes cessèrent, et la femme écouta avec crainte et respect.

Amma : « Il existe deux sortes de joies et de peines. Quand nous n'obtenons pas ce que nous voulons, nous sommes tristes. Mais si les vœux d'autrui sont exaucés, nous voilà encore plus tristes. Nous sommes heureux quand nos projets réussissent, mais notre joie est encore plus grande si d'autres échouent. Oubliant toutes nos peines, nous exultons en voyant celles des autres. Notre fille n'est pas mariée, mais nous sommes heureux que celle du voisin ne le soit pas non plus. Le jour de son mariage, nous voilà tristes. Mes enfants, c'est une dépravation mentale, une maladie grave qui ronge notre paix intérieure. C'est un cancer du mental.

« Deux voisins allèrent un jour acheter du bois de construction. L'un se procura une poutre et l'autre trois. Quand le premier scia la poutre, il constata qu'elle était creuse. Triste d'avoir perdu son argent, il en perdit l'appétit. Sa femme vint alors lui annoncer que les trois poutres achetées par le voisin étaient pourries à l'intérieur. L'abattement fit alors place à la joie. « Vraiment ! Apporte-moi un thé ! » dit-il en riant joyeusement. « Il a ce qu'il mérite ! Il se croit donc bien riche pour acheter trois poutres. »

« Mes enfants, nous devons avant tout changer cette attitude. Tant que le mental est dans cet état, quelle que soit la quantité de *japa* que nous ferons, nous n'en retirerons aucun bénéfice. Nous n'obtiendrons ni la grâce de Dieu, ni la paix intérieure. Avant de mettre du lait dans un pot qui a contenu des aliments acides, nous devons le nettoyer à fond, sinon le lait tournera. Mes enfants, prions Dieu avant tout de nous donner un cœur qui se réjouisse du bonheur des autres et sympathise avec leur souffrance.

« Si le voisin d'à côté est fou, nous aurons des problèmes. Le bruit qu'il fait la nuit nous empêchera de dormir et même le jour nous n'aurons peut-être pas la paix. Imaginez notre tristesse si notre frère rentrait ivre chaque soir et engageait une bagarre. C'en serait fini de notre paix. Par contre, s'il est une bonne nature, cela aura pour nous des conséquences heureuses. Quand d'autres mènent une vie tranquille et paisible, comprenons que c'est nous qui en bénéficions. Au moins ils ne nous créent pas d'ennuis ! Nous devrions pouvoir nous réjouir de leur bonheur et éprouver de la compassion pour leurs souffrances. Une telle attitude indique que nous progressons intérieurement. Dieu demeure dans un tel cœur. Les vrais enfants de Dieu sont ceux qui considèrent la joie et la souffrance d'autrui comme les leurs. »

La femme pleurait maintenant et Amma S'arrêta pour essuyer ses larmes. « Ne te fais pas de reproches, Ma fille. Répète régulièrement le *mantra* qu'Amma t'a donné. Tout ira bien. »

Ces paroles consolèrent la dévote, qui se releva après s'être prosternée. Elle dit au revoir, ayant ainsi déposé son fardeau de chagrin aux pieds de la Mère divine, refuge de ceux qui souffrent. En nous immergeant dans ce flot de paix ininterrompu, qui s'écoule vers tous les cœurs en peine, ne sommes-nous pas certains d'être consolés ?

Pas de compromis avec la discipline

Samedi 20 juillet 1985

Les premières lueurs de l'aube n'avaient pas encore paru à l'est. Les *brahmacharis* récitaient l'*archana* dans la salle de méditation, tandis qu'Amma, les mains derrière le dos, faisait les cent pas devant la porte, dans l'obscurité. Il y avait une certaine gravité dans Sa démarche. Deux hommes munis de lampes électriques passèrent sur la berge du canal, au sud de l'Ashram. C'étaient des pêcheurs qui s'apprêtaient à lancer leurs filets.

C'est alors qu'un *brahmachari* arriva en courant pour participer à l'*archana*. Il avait dû se lever un peu en retard. Comme il ouvrait doucement la porte de la salle de méditation, Amma l'arrêta en tendant le bras et en refermant la porte. La tête basse, le *brahmachari* se tenait devant l'entrée.

Au bout de quelques minutes, Amma dit : « Ignores-tu que l'*archana* commence à cinq heures ? Si les gens arrivent un par un, ceux qui font l'*archana* perdront leur concentration. Maintenant, tu dois réciter les Mille Noms dehors. À partir de demain, sois dans la salle de méditation à quatre heures trente. Sans discipline dans ta *sadhana*, tu ne feras aucun progrès. »

Le *brahmachari* posa son *asana* (tapis de méditation) et s'assit. Les *mantras* résonnaient dans la salle de méditation. Le sens de chaque *mantra* s'éclairait pour lui tandis qu'il fixait son mental sur les pieds sacrés d'Amma, qui passait et repassait devant lui d'un pas léger.

> *Om nakhadititisamchanna namajjana tamogunayai namah...*
>
> Nous nous prosternons devant Celle dont les pieds radieux éliminent l'ignorance des dévots qui Lui rendent hommage !
>
> Nous nous prosternons devant Celle dont les pieds sont plus rayonnants que les fleurs de lotus !
>
> Nous nous prosternons devant Celle dont les pieds de lotus bienfaisants sont ornés de bracelets de chevilles en or, incrustés de pierres précieuses, qui scintillent doucement !
>
> Nous nous prosternons devant Celle dont la démarche est aussi lente et douce que celle du cygne !

Sortant de la salle après l'*archana*, les *brahmacharis* furent agréablement surpris de voir Amma. Ils vinrent tous se prosterner devant Elle. Elle mit les mains sur la tête du fils retardataire et le bénit.

Amma : « Mon fils, as-tu éprouvé de la peine quand Amma t'a empêché de te joindre à l'*archana* ? »

Quelle souffrance subsiste quand le cœur fond dans l'amour d'Amma, comme la pierre *chandrakanta* à la lumière de la pleine lune ?

Amma : « Mon fils, nous sommes dans un ashram. Quand

nous faisons l'*archana* à *brahma muhurta* (l'heure sacrée qui précède l'aube), tous les enfants doivent y participer. Personne ne doit dormir, se laver ou quoi que ce soit de ce style. Tout le monde devrait être prêt et installé cinq minutes avant le début de l'*archana*. »

Bri : « Il n'y avait qu'un filet d'eau au robinet, c'est pourquoi, quand j'ai eu fini de me doucher, j'étais en retard. »

Amma : « Si tu as un examen ou une entrevue pour obtenir un emploi, tu ne diras pas que tu étais en retard parce qu'il n'y avait pas d'eau ou d'électricité. Tu devrais faire ta *sadhana* avec la même attitude. Lorsque vous êtes rassemblés, si nombreux, pour faire l'*archana*, la Mère divine est présente, n'en doutez pas. Il ne faut pas entrer ni parler ou dormir à cette heure-là. C'est pourquoi Amma t'a dit de faire l'*archana* dehors, puisqu'ils avaient déjà commencé. »

Amma monta dans Sa chambre après avoir posé sur Ses enfants la caresse de Ses yeux aimants. Elle en ressortit à sept heures, accompagnée d'une *brahmacharini*, et Se dirigea du côté nord de l'Ashram. Elle rassembla toutes les palmes de cocotier tombées à cet endroit. Un *brahmachari* les emporta à côté de la cuisine. Il ne perdit pas l'occasion d'éclairer certains de ces doutes.

Bri : « Amma, est-il possible d'éliminer complètement le mental ? »

Amma : « Le mental est une accumulation de pensées. Les pensées sont comme les vagues de l'océan. Elles se lèvent, se succèdent. On ne peut les arrêter de force. Mais quand l'océan est profond, les vagues s'apaisent. Essayez ainsi de concentrer le mental sur une seule pensée, au lieu de vouloir les stopper de force. Alors l'océan du mental gagnera en profondeur et sera tranquille. Même si de petites vagues se forment en surface, au-dessous, il sera paisible. »

Quand Amma s'occupe de la vache

Amma arriva du côté de l'étable. Un *brahmachari* lavait une vache que l'on venait d'acheter. Elle s'appelait Shantini, « celle qui est paisible », mais il n'y avait aucun rapport entre son nom et son comportement. Parmi ceux qui l'avaient lavée, personne ne s'en était tiré sans recevoir au moins un coup de queue. La traire exigeait une vraie bataille : il fallait être trois et lui lier les pattes. Elle semblait avoir fait le vœu de veiller à ce que le lait finisse par terre ou du moins, arrose ceux qui s'efforçaient de la traire.

Le *brahmachari*, qui connaissait bien la nature de Shantini, utilisait un récipient pour l'asperger d'eau. Il lui mouilla le corps par deux fois. Il appelait cela son bain. La saleté et la bouse collaient encore au corps de l'animal. Amma n'apprécia pas du tout cette façon de laver la vache. Elle prit le seau d'eau des mains du *brahmachari*, pendant qu'une *brahmacharini* se rendait à la cuisine pour y prendre de la fibre de noix de coco, que l'on utilise pour frotter. Amma montra à Son fils comment laver la vache, enlevant avec soin la bouse qui collait au ventre et aux pattes de l'animal pour qu'elle soit propre.

Tous les spectateurs furent étonnés de la soudaine docilité de Shantini, du jamais vu jusqu'alors. Elle restait tranquille comme un enfant obéissant. Peut-être attendait-elle cette occasion...

Pendant qu'Elle la lavait, Amma dit : « Mon fils, ne te mets jamais derrière une vache quand tu la laves, elle pourrait te donner un coup de patte. Celle-ci est un peu rebelle, il faut donc faire bien attention et te placer sur le côté. » Amma montra aussi comment attacher l'animal dans l'étable.

Apprenant qu'Elle lavait Shantini, deux dévots arrivèrent pour voir la scène. En sortant de l'étable, Amma leur dit : « Ces enfants n'ont pas l'habitude de ce genre de travaux. Ils viennent de passer leur licence, et ils étaient auparavant choyés par leurs parents. Ils ne savent même pas faire leur lessive. Hier Amma a vu l'un d'eux essayer d'utiliser du *super-white*[1] pour laver son linge. Nous aurions bien ri si Amma n'était pas arrivée à temps ! Il avait vidé toute une bouteille de *super-white* dans un demi seau d'eau et s'apprêtait à y mettre ses habits ! Imaginez dans quel état ils en seraient ressortis ! (Elle rit) Il a utilisé pour une lessive ce qui lui est fourni pour un mois. Amma lui a montré comment mélanger dans un seau un peu de produit avec de l'eau et y plonger les vêtements. »

Conseils aux chefs de famille

Amma était assise devant la salle de méditation entourée des dévots assis par terre. Monsieur Menon, de Palakkad, engagea la conversation.

Menon : « Amma, je pratique la méditation, cependant je

1 Super-white : produit concentré, de couleur bleue, utilisé en Inde pour le dernier rinçage de vêtements blancs. Cela les fait paraître plus blancs.

suis sans cesse tourmenté par différents problèmes. J'ai parlé avec de nombreux chefs de famille comme moi et la plupart rencontrent la même difficulté. Je me demande parfois à quoi servent le *japa* et la méditation. »

Amma : « Mon fils, il ne suffit pas de pratiquer le *japa* et la méditation. Il faut assimiler les principes de base. Quand Amma était jeune, Elle coupait les branches de l'arbre kampatti. Il Lui fallait grimper à l'arbre et la première fois, son corps entier fut comme brûlé. Son visage était tout enflé et Elle ne voyait plus rien. Il Lui a fallu deux ou trois jours pour retrouver son état normal. Elle a appris alors qu'il fallait d'abord s'enduire le corps d'huile. Elle ne manqua pas ensuite de Se protéger avec de l'huile quand Elle cassait les branches de l'arbre *kampatti*. Vous avez de même besoin de la couche protectrice de votre amour pour Dieu avant d'entrer dans la vie de famille. Alors vous ne connaîtrez pas le chagrin.

« Il faut avoir la conviction que Dieu est notre seul véritable parent. Mes enfants, vous devriez savoir que toutes les autres relations et objets de ce monde ne nous apporteront pour finir que de la souffrance. Que votre lien soit avec Dieu seul. Cela ne signifie pas que vous devez abandonner votre femme et vos enfants ou les considérer comme des étrangers. Prenez bien soin d'eux, mais sachez que le seul parent durable que nous ayons est Dieu. Tous les autres nous quitteront un jour ou l'autre. Prenez donc toujours refuge en Lui. Songez que les difficultés que vous rencontrez dans la vie sont pour votre bien ; la paix et la félicité régneront alors dans la famille. »

Un dévot : « Pouvons-nous vivre comme ceux qui pratiquent de grandes austérités ? »

Amma : « Amma ne dit pas que les chefs de famille doivent se livrer à une ascèse, mais essayez de chanter le nom divin quoi que vous fassiez. Inutile de vous soucier de la pureté du corps quand vous répétez le nom de Dieu. Dieu est partout ; Il est toujours dans notre cœur, simplement, nous ne le savons pas. Un diamant brille naturellement, mais il perd son éclat s'il tombe dans l'huile. De même, notre ignorance nous empêche de reconnaître Dieu.

« Le matin, chantez le nom divin pendant au moins dix minutes après avoir pris votre douche. Méditez au moins un moment. Faites la même chose le soir. Quel que soit votre chagrin, allez le confier à votre véritable ami, dans la salle de *puja*. En plus de votre mari ou de votre femme, vous devriez avoir un ami : Dieu. Si votre mari ou votre femme vous rend malheureux, confiez-le à Dieu, et à personne d'autre. Si votre voisin vient se battre avec vous, allez dans la salle de *puja* et plaignez-vous : « Pourquoi l'as-Tu laissé me traiter ainsi ? N'étais-Tu pas avec moi ? » Ouvrez votre cœur et confiez tout à Dieu. Alors cela devient un *satsang*.

« Si quelqu'un vous apporte de la joie, dites-le aussi à Dieu. Oublier Dieu dans les moments de bonheur et ne songer à Lui que dans la peine n'est pas un signe de vraie dévotion. Nous devrions être capables de voir qu'Il nous donne aussi bien la joie que le chagrin.

« Si votre travail vous laisse des loisirs, consacrez-les à lire des livres spirituels comme la Gita et le Ramayana, la biographie d'un *Mahatma* ou son enseignement, au lieu d'aller au cinéma ou de vous distraire d'une façon ou d'une autre. Ne perdez jamais l'occasion de participer à un *satsang* et racontez à vos amis de ce que vous y avez entendu. Cela leur apportera aussi la paix. Observez *brahmacharya* (la chasteté) au moins deux ou trois jours par semaine. C'est essentiel pour que vous obteniez le bénéfice de votre *sadhana*. (Riant) Nous n'avons pas qu'une seule femme ; les yeux, le nez, la langue, les oreilles et la peau, tous sont nos femmes. Il faut maîtriser l'attachement que nous leur portons ; nous pourrons alors connaître la véritable essence qui demeure en nous. »

Une dévote : « Amma, comment trouver le temps pour le *satsang* et la lecture quand il faut assumer les tâches ménagères et s'occuper des enfants ? »

Amma : « Qui le veut vraiment trouve le temps. Même ceux qui répètent sans arrêt qu'ils n'ont pas le temps se précipitent à l'hôpital pour y amener leur enfant malade, n'est-ce pas ? Si le traitement dure trois ou quatre mois, ils ne quittent pas l'hôpital pour aller travailler. Quand la santé de votre enfant est en jeu, vous parvenez toujours à trouver le temps, même si d'habitude vous vous plaignez de passer votre vie à courir. Quand vous aurez compris que Dieu est votre seul protecteur et que vous ne serez pas en paix tant que vous n'aurez pas pris refuge en Lui, alors vous trouverez le temps.

« Si vous ne parvenez pas à vous libérer un moment chaque jour pour adorer Dieu, essayez d'être comme les *gopis*. Elles n'avaient pas d'heure pour prier. Elles voyaient Dieu en accomplissant leur travail. Elles répétaient le nom divin en barattant le lait et en broyant le grain, en faisant les travaux du ménage. Les pots de poivre, de coriandre et d'autres épices portaient les noms du Seigneur. Quand elles voulaient du poivre, elles demandaient Mukunda. Si elles donnaient du coriandre, elles donnaient Govinda. Qui venait acheter du lait et du yaourt les demandait en employant le nom du Seigneur. Elles ne faisaient rien d'autre que de chanter les noms du Seigneur, toujours et partout. Elles pouvaient ainsi se souvenir de Dieu sans effort spécial. Ceux qui n'ont pas la possibilité de consacrer un moment particulier à la *sadhana* peuvent songer à Dieu de cette façon.

« Dieu seul est réel et éternel ; gardez cette idée fermement ancrée dans votre esprit. Pendant que vous travaillez, répétez votre *mantra*. Vous n'aurez alors pas besoin de consacrer un moment spécial au souvenir de Dieu, car votre esprit sera toujours fixé sur Lui. »

Le dévot : « N'est-il pas suffisant de méditer sur le Soi ? Est-il nécessaire de chanter un *mantra,* etc. ? »

Amma : « On demande aux écoliers de répéter des poèmes et les tables de multiplication afin de les apprendre par cœur. Pour la plupart d'entre eux, une seule lecture ne suffit pas. De même, la méditation seule ne permet pas à tous de fixer le mental sur le principe suprême. Il leur faut pratiquer le *japa* et chanter des *bhajans* dans la solitude. Celui qui parvient à la concentration par la seule méditation n'a besoin de rien d'autre. Mais quand vous chantez un *mantra* ou des kirtans, votre mental se concentre rapidement et ne vagabonde pas vers les objets extérieurs aussi facilement qu'à d'autres moments. C'est à la portée de tout le monde. »

Les dévots arrivaient à l'Ashram et se rassemblaient autour d'Amma pour boire le nectar de Ses paroles. Quand leur nombre fut assez important, Amma entra dans la hutte et Se mit à donner le *darshan*.

Des parents amenèrent leur fille, une jeune femme qui avait perdu son équilibre mental. En voyant leur désespoir, Amma leur donna la permission de rester quelques jours à l'Ashram. La malade exigeait une surveillance constante, car sinon elle se sauvait ; il y avait donc toujours quelqu'un pour lui tenir la main. Amma donna à son père un morceau de bois de santal pour en faire de la pâte et l'appliquer fréquemment sur le front de sa fille.

Après les *bhajans*, Amma S'assit dans la cour, devant le *kalari*, entourée des dévots et des *brahmacharis*. La malade sortit de sa chambre et tenta de s'enfuir ; sa mère et sa sœur la suivaient. Une *brahmacharini* et une autre femme l'attrapèrent et la conduisirent vers Amma, qui la fit asseoir à côté d'Elle. Elle ne cessait de poser à Amma des questions dépourvues de sens. Amma l'écoutait attentivement et lui répondait de temps en temps pour la calmer. Sur Son ordre, on l'emmena près du robinet qui se trouvait à l'extérieur de la salle de méditation. Amma remplit un seau d'eau et le versa sur la tête de la jeune femme. Elle répéta plusieurs fois l'opération, en tenant fermement la main de la malade pour l'empêcher de se sauver. Cela dura environ une demi-heure ; il y eut ensuite un léger changement dans le comportement de la patiente. Amma fit de la pâte de santal et lui en mit sur le front. Avant de la renvoyer dans sa chambre avec sa mère, Amma n'oublia pas de lui poser un baiser affectueux sur la joue.

Amma revint S'asseoir devant le *kalari*, appela Balou et lui demanda de chanter un *kirtan*. Le *brahmachari* Sri Koumar se mit à l'harmonium.

Sri chakram ennoru chakram…

À l'intérieur de la roue mystique appelée Sri Chakra
Demeure la déesse Sri Vidya (connaissance).
Cette déesse est la nature du mouvement,
Le pouvoir qui fait tourner la roue de l'univers.

Elle monte parfois un lion,
Parfois un cygne (Sarasvati),
Et se manifeste comme la shakti du dieu Brahma.
Ô Mère, Toi qui mènes et contrôles la Trinité divine (Brahma, Vishnou et Shiva)
La déesse Katyayani n'est-elle pas une autre de Tes formes ?

Pour soulager leurs peines, ces dévots rendent hommage à Tes formes.
Ô Mère, les humains sont dans les rets de Mâya :
Qui donc pourrait comprendre que le corps est méprisable ?

Ô Mère qui chevauches un tigre, comment un ignorant
Pourrait-il célébrer Ta suprême majesté ?

Mardi 6 août 1985

Habillée de blanc immaculé, Amma descendait les marches, venant de Sa chambre. Les dévots qui L'attendaient les mains jointes se mirent à psalmodier doucement : « Amma, Amma… » Suivie de Ses enfants, Elle Se dirigea vers le *kalari*. Comme l'espace était trop petit à l'intérieur, ceux qui ne purent entrer attendirent leur tour à l'intérieur. Le sourire rayonnant d'Amma répandait la paix. Ses yeux remplis de compassion soulageaient les cœurs blessés.

Une jeune femme posa la tête dans le giron d'Amma et se

mit à sangloter. Amma lui releva le visage et essuya ses larmes avec beaucoup d'affection. Elle consola la jeune femme en disant : « Ne pleure pas, Ma fille ! Amma est là pour toi ! Ne pleure pas ! » Mais la femme continuait à pleurer, sans pouvoir maîtriser son chagrin. Amma la prit dans Ses bras et la caressa avec amour, lui frottant doucement le dos. La jeune femme venait d'une famille riche. Elle était tombée amoureuse d'un des amis de son frère. Mais comme le jeune homme venait d'une autre caste, sa famille s'était opposée à leur relation. Leur amour avait pourtant fini par triompher et ils s'étaient mariés. Ils avaient loué une maison, et le mari avait emprunté de l'argent pour monter une affaire. Puis il avait fait faillite, et quand les créanciers s'étaient montrés pressants, il était parti sans rien dire à personne.

« Amma, il m'a abandonnée, moi et les enfants. Il n'y a personne pour prendre soin de nous ! » Elle répétait cela tout en pleurant sur l'épaule d'Amma.

Amma S'efforça de la consoler : « Ne t'inquiète pas, Ma fille. Il ne lui est rien arrivé. Il reviendra. »

La jeune femme releva la tête et demanda : « Mon mari reviendra, Amma ? »

Amma : « Sans aucun doute ; ne t'inquiète pas, Ma fille ! » Après un bref silence, Elle reprit : « Amma va te donner un *mantra*. Garde toujours Dévi à l'esprit et répète le *mantra* régulièrement. Tes problèmes seront résolus dans un mois. »

Le visage de la jeune femme s'éclaira. L'espoir brillait dans ses yeux. Amma ferma les yeux et resta un moment en méditation. Puis Elle rouvrit les yeux en disant : « Shiva, Shiva ! »

L'extase divine d'Amma

Un par un, les dévots venaient se prosterner devant Amma, puis se retiraient. Monsieur Bhaskaran Nair, de Thrissur, s'avança. Depuis la mort de sa femme, il consacrait tout son temps à des activités spirituelles. Il venait souvent à l'Ashram voir Amma. La paix qui émanait de son visage, son humilité, et le *mala* de graines de *tulasi* qu'il portait autour du cou, tout indiquait une nature sattvique. Amma ouvrit le paquet que Monsieur Nair venait de Lui offrir. Il contenait une photo de Chaitanya Mahaprabhou (un *Mahatma* ayant vécu au Bengale) et sa biographie. Amma examina le livre, l'ouvrit et le tendit à Monsieur Nair en disant : « Fais un peu la lecture, Mon fils, Amma t'écoute. » Tout heureux, il se mit à lire :

« Quand l'amour de Dieu éclôt dans votre cœur, vous n'avez plus d'autre pensée. La langue qui a goûté le sucre candi désire-t-elle encore des succédanés ? L'âme bénie qui a développé de l'amour pour Dieu est dans une ivresse constante. L'amant est déchiré à chaque instant par le désir de s'unir à sa bien-aimée. Il ne s'inquiète pas de savoir si elle l'aime ou non. À chaque seconde, il pense à elle, triste de la séparation.

« L'amour de Mahaprabhou était ainsi. Le flot de *prema* qui jaillissait du lac de son cœur devint de plus en plus puissant. Ce Gange d'amour n'était jamais à sec, comme cela arrive aux petites rivières. Il riait et l'instant d'après se mettait à danser. Au lieu de dormir, il passait la nuit à pleurer, si bien que ses vêtements étaient trempés de larmes. Il poussait de profonds soupirs en s'écriant : « Krishna, Ô Krishna ! » Il devint incapable d'accomplir les actions de la vie quotidienne, de se laver, de manger ou de prier au moment du crépuscule. Hormis les exploits de Krishna, il ne pouvait parler de rien, ni même rien entendre. Il ne connaissait rien d'autre que Krishna, son éternel Bien-aimé. »

M. Nair jeta un coup d'œil vers Amma. Elle était complètement perdue à ce monde. Ses yeux se fermèrent lentement. La lumière émanant de Son visage divin semblait remplir l'espace. Des larmes roulèrent sur Ses joues et s'arrêtèrent à mi-chemin. L'extase d'Amma, induite par la dévotion, se transmit aux dévots qui L'entouraient ; tout le monde La regardait, immobile, sans même cligner des paupières. Une femme se mit à pleurer et à appeler « Amma, Amma ! » à voix haute. Monsieur Nair arrêta de lire pour contempler de tout son être le visage d'Amma, les mains jointes en signe de dévotion. Submergée de dévotion, une femme entonna :

Ayi ! giri nandini nandita mohini...

Ô Fille de la montagne ! Enchanteresse,
Adorée de tous, adorée de Nandi,
Toi qui joues avec l'univers,
Qui résides au mont Vindhya,
Ô Déesse, épouse de Shiva,
Dont la parentèle est vaste,
Toi qui as accompli bien des exploits,
Sois victorieuse,
Toi qui as tué le démon Mahisha,
Magnifique Bien-Aimée de Shiva,
Fille de Himavat !

Au bout d'une heure et demie, Amma rouvrit les yeux et Se remit à donner le *darshan* aux dévots.

Puis Elle sortit pour aller s'asseoir à l'ombre, entre l'école de Védanta et la hutte. Quelques dévots et *brahmacharis* L'entourèrent. Il y avait là Surendran, qui avait autrefois vendu de l'alcool. Après avoir rencontré Amma, il avait changé d'activité et monté une épicerie à côté de sa maison.

Le passé est un chèque annulé

Surendran : « Amma, j'ai commis de nombreuses fautes dans ma vie, dont le souvenir me hante. »

Amma : « Mon fils, pourquoi t'inquiéter des erreurs passées ? Le passé est le passé. En te tracassant, tu perds l'énergie dont tu disposes maintenant. À présent, prends la ferme décision de ne pas recommencer. C'est cela qui est important. Ensuite, des actions pures nettoieront ton mental. Ton désir d'être bon en pensées et en actes, les efforts que tu fais en ce sens, montrent la pureté de ton mental.

« Auparavant, tu ignorais que tes actions étaient mauvaises. Maintenant que tu en es conscient, tu t'efforces de changer. Cela suffit. Si un jeune enfant lance une balle sur sa mère, elle sourit. Elle l'attrape et l'embrasse. Mais quand il est plus âgé, s'il lui jette un objet avec force, elle ne le lui pardonne pas. Nous avons commis bien des erreurs sans le savoir. Dieu nous le pardonne. Mais une fois que nous sommes conscients de mal faire, Il ne pardonnera pas si nous recommençons. C'est ce qu'il faut éviter, même si cela nous demande un effort.

« Inutile de déplorer la vie que nous avons menée jusqu'à aujourd'hui. C'est comme un chèque annulé ou comme les fautes que vous faites en écrivant au crayon. Avec une gomme, vous pouvez effacer, mais cela ne marche pas indéfiniment. Si vous gommez trop souvent, le papier se déchire. Les erreurs que nous commettons par ignorance, Dieu les oublie. Mais recommencer en sachant que c'est mal, c'est la plus grande transgression du *dharma* et nous devons absolument l'éviter. »

Un dévot : « Amma, suis-je digne de prier Dieu ? Mon mental est-il assez pur pour cela ? »

Amma : « Ne crois pas que tu sois indigne, fils. Ne pense pas que tu n'es pas assez pur pour prier à cause de tes erreurs passées ou que tu prieras quand ton mental sera purifié. Si tu songes à te baigner dans la mer une fois que les vagues auront disparu, tu n'y entreras jamais. Tu n'apprendras pas à nager en restant assis à côté de la piscine. Il faut sauter à l'eau. Qu'arrivera-t-il si le docteur dit au malade de venir le voir une fois qu'il sera rétabli ? C'est Dieu qui purifie le mental. C'est pourquoi nous prenons refuge en Lui. Lui seul peut faire le nettoyage. »

Surendran : « Amma, une fois que nous croyons en Toi et éprouvons réellement de la dévotion, nous ne pouvons rien faire de mal. La grâce que nous Te demandons, c'est donc la foi et la dévotion. »

Amma : « Mes enfants, il vous suffit d'avoir foi en Dieu. Si votre foi en Lui est ferme, vous ne ferez pas d'erreur et vous ne connaîtrez que la joie. »

Surendran : « N'es-Tu pas Toi-même Dieu, Amma ? »

Amma : « Amma n'aime pas déclarer cela. Imagine qu'une fleur parfumée éclose sur une plante. La plante ne devrait pas s'exclamer : « Regardez ma fleur ! Comme elle est belle ! Et quel parfum merveilleux ! C'est l'effet de ma puissance. » Parler ainsi nourrit l'ego. Tous les pouvoirs appartiennent à Dieu. Nous ne devons jamais croire que quoi que ce soit nous appartient. Rien ne vient de la puissance d'Amma. Elle a fleuri sous l'effet du pouvoir divin. C'est Lui l'origine de Son parfum. Amma ne déclarera jamais que rien de tout cela Lui appartient. »

La cause et le remède de la souffrance

Un dévot : « Quelle est la cause de la souffrance ? »

Amma : « C'est l'attitude qui consiste à percevoir le « moi » et le « mien ».

« Un jour, nous rentrions de Kozhikode (Calicut) et dans le bus se trouvaient un père et son fils. Ils étaient assis et jouaient ensemble. Puis l'homme s'est endormi, et l'enfant aussi, sur les genoux de son père. Peu après, l'enfant a glissé et est tombé par terre. Le père ne s'en est pas aperçu tout de suite, car il ne s'est réveillé qu'en l'entendant pleurer. Alors il s'est lamenté aussi en disant : « Oh, mon, fils, mon fils ! » Il a examiné l'enfant pour voir s'il s'était fait mal. Cette conscience du « moi » et du « mien » s'est transformée en douleur dès son réveil. Sans elle, il n'y a pas de souffrance.

« Deux enfants jouaient avec un bâton. Un troisième se mit à pleurer en les voyant, car lui aussi en voulait un. Comme il faisait beaucoup de tapage, sa mère vint, prit le bâton aux autres enfants et le lui donna. Il joua un petit moment avec, puis il s'endormit. Le bâton glissa de sa main, mais il n'en avait pas conscience. Il avait pleuré pour l'obtenir mais dans son sommeil, il perdit la notion du « moi » et du « mien ». Cela le calma et lui permit de dormir en paix, oubliant tout. Ainsi, Brahman reposant en Brahman, c'est la béatitude. Si nous abandonnons la notion du « moi » et du « mien », nous pourrons goûter cette félicité. Alors la souffrance n'existe plus. Mais il nous faut renoncer à l'attachement au « moi » individuel ».

Le dévot : « Amma, est-ce si facile pour chacun de nous ? »

Amma : « Essaye, Mon fils ! Nous ne parviendrons peut-être pas à escalader une montagne, mais nous pouvons au moins en ramasser une poignée de sable. Si nous prenons de l'eau dans le creux de la main et l'enlevons de l'océan, il contiendra cela en moins. Vois les choses de cette façon. En outre, si ton dévouement est complet et ton effort constant, rien n'est impossible. Si tu verses sans arrêt de l'eau dans une bouteille d'encre, la couleur se dilue jusqu'à ce qu'il soit impossible de dire ce qu'elle a contenu. Ainsi, le souvenir constant de Dieu rend le mental plus vaste, le sens de l'individualité se dissout lentement pour finalement disparaître. Le mental individuel devient le mental universel. »

Un autre dévot : « Amma, bien des gens me haïssent parce que j'ai de l'argent. Est-ce mal d'être riche ? »

Amma : « Mes enfants, il n'y a rien de mal à posséder de l'argent. Mais le but de la vie ne consiste pas simplement à accumuler des biens. Tu peux conserver ce qui correspond à tes besoins, mais sans excès.

« Il était une fois un villageois qui fabriquait des parapluies. En travaillant, il chantait le nom de Dieu et engageait des conversations spirituelles avec ceux qui venaient le voir. Il vivait joyeux, content de ce qu'il gagnait, et tout le monde l'aimait. Il gagnait assez pour vivre.

« Un jour, un propriétaire terrien lui acheta un parapluie. Satisfait de la qualité et du prix raisonnable de ce dernier, il s'intéressa à notre villageois, dont les nobles qualités l'attiraient. Il lui fit présent d'une somme d'argent. Dès que l'artisan fut en sa possession, son caractère changea. Son esprit n'était plus au travail, car il s'inquiétait : « Comment protéger cet argent ? Est-il en sécurité à la maison ? Va-t-on me le voler ? » Pensant à l'argent, il cessa de faire son *japa*. Il ne terminait plus son travail à temps, car il échafaudait des plans pour l'avenir : « Dois-je construire une maison ou bien agrandir mon affaire ? » Il ne pensait à rien d'autre et ne pouvait donc plus se concentrer sur son travail. Il n'aimait plus parler aux autres, parce qu'il avait oublié comment parler avec amour. Qui lui posait une question l'ennuyait, car cela le dérangeait dans ses pensées. De moins en moins de gens fréquentaient son magasin et son revenu s'amenuisa. Les pensées tournées vers l'argent détruisaient sa paix intérieure. Son avidité et son égoïsme augmentant, il devint agité et dépressif. La somme qu'il avait reçue en cadeau fut vite dépensée. Il n'avait plus de travail. L'homme qui menait une vie heureuse avant de posséder cet argent était plongé dans les tourments.

« Mes enfants, quand nous tombons dans l'excès, c'en est fait de notre paix. Efforcez-vous donc toujours de mener une vie simple. Cela suffira pour que vous soyez en paix. Nous n'avons besoin d'aucun surplus. »

La langue qu'Amma emploie pour éclairer les doutes de Ses enfants est simple. Mais ils ne se lassent pas d'entendre ces paroles d'ambroisie qui transmettent la connaissance à travers ces histoires de la vie quotidienne, ces exemples qui recèlent des diamants de sagesse. Leur prière est celle qu'Arjuna adressait à Krishna : « Je n'ai pas eu assez de ce nectar. Je T'en prie, parle encore, laisse-moi T'écouter encore et encore ! »

Chapitre Trois

3

Mercredi 7 août 1985

Amma était assise face à la Mer d'Arabie, sur la berge du canal qui passait à la limite de l'Ashram. Tous les *brahmacharis* vinrent s'asseoir autour d'Elle pour méditer. L'atmosphère était paisible et solennelle, disposant le mental naturellement à l'introspection. Même les vagues de l'océan, à l'ouest, semblaient s'être calmées. Tous essayaient de méditer. Amma jeta sur eux un regard plein de compassion, puis Se mit à donner des conseils.

Méditation

« Mes enfants, quand vous vous asseyez pour méditer, ne croyez pas que vous allez pouvoir calmer le mental immédiatement. Détendez d'abord toutes les parties du corps. Desserrez vos vêtements s'ils vous gênent. Assurez-vous que la colonne vertébrale est droite. Puis fermez les yeux et concentrez-vous sur la respiration. Vous devez être conscients de l'inspiration et de l'expiration. D'ordinaire, nous respirons sans y prêter attention, mais il ne devrait pas en être ainsi ; il faut prendre conscience de ce processus. Le mental sera alors en éveil.

« Si vous restez assis un moment, le mental s'apaise. Vous pouvez continuer la méditation en vous concentrant toujours sur la respiration, ou bien méditer sur la forme de votre divinité d'élection. Si votre mental s'égare, ramenez-le sur l'objet de votre méditation. Si vous n'y parvenez pas, il suffit d'observer où vont les pensées. Le mental doit rester sous votre surveillance ; il cessera alors de vagabonder et vous en aurez le contrôle.

« Commencez à méditer, maintenant, Mes enfants. »

Celle qui protège de tous les dangers

Les *brahmacharis* s'absorbèrent en méditation. Mais au bout d'un temps très court, Amma sortit brusquement de Son état méditatif. En voyant ce changement inhabituel, un *brahmachari* Lui en demanda la raison.

Amma : « Quelque chose est arrivé à un des enfants. » Elle Se tut un moment, puis reprit : « Ce fils qui vient régulièrement de Kozhencheri, c'est lui qu'Amma a vu. Quand il est venu la semaine dernière, Elle lui a dit de faire attention dans ses déplacements et lui a enjoint expressément de ne pas conduire pendant trois mois. »

Amma semblait particulièrement inquiète. Elle monta rapidement dans Sa chambre.

Ces paroles d'Amma rappelèrent à Haridas, un dévot de Pattambi, ce qui lui était arrivé une année auparavant. Il raconta son histoire aux autres : « J'avais l'habitude de venir en jeep avec ma famille pour voir Amma. Elle me dit un jour lors d'une de mes visites : « Ne conduis pas pendant quelque temps, mon fils. Amma voit un malheur ! » Au retour, j'ai donc fait conduire la jeep par mon frère. Deux mois plus tard, je suis allé à Sultan Battery, pour y voir un ami. Là-bas, mon frère est tombé malade. Un problème digestif l'a mis hors d'état de conduire ou même de voyager. Je devais être de retour le lendemain matin pour régler des questions financières ; il m'était donc impossible de rester. J'ai laissé mon frère et j'ai pris le volant le soir même.

« Comme je me rappelais les paroles d'Amma, je conduisais lentement et en faisant très attention, tout en répétant mon *mantra*. Sur la route, envahi par le sommeil, je me suis arrêté pour prendre une tasse de thé et me passer la figure à l'eau froide, puis j'ai continué mon voyage. Mais au bout d'un moment, l'envie de dormir est revenue. Je luttais pour rester éveillé en conduisant. J'ai fini par m'assoupir un moment, perdant le contrôle de la jeep qui fit une embardée vers la droite.

« J'ai senti soudain quelqu'un prendre le volant et le tourner vers la gauche. Au même instant je me suis écrié : « Amma ! » et j'ai appuyé sur le frein. La jeep s'est arrêtée, touchant presque un gros rocher situé à gauche de la route. Dans l'obscurité, il était impossible de rien voir clairement. La route était construite à flanc de montagne, la montagne à gauche et à droite, un abîme qui tombait à pic dans une vallée profonde. En voyant que la voiture s'était arrêtée tout près du bord gauche de la route, je fus convaincu que l'aide du sauveteur invisible n'avait pas été le simple effet de mon imagination.

« Une semaine plus tard, je suis venu à l'Ashram. Dès

qu'Elle me vit, Amma demanda : « Mon fils, as-tu conduit malgré les recommandations d'Amma ? » Je restai interdit, les yeux remplis de larmes. »

Amma protège Ses enfants, comme une mère surveille Son bébé et le porte sans le poser. Elle connaît toutes les pensées de Ses enfants et est consciente de chacune de leurs respirations.

L'avenir est-il prédestiné ?

Amma descendit de Sa chambre après les *bhajans*. Une famille de Bhopal était venue La voir. Ils profitaient des vacances pour séjourner dans leur ville natale, dans le Kérala, et c'est là qu'ils avaient entendu parler d'Amma. Ils voulaient La rencontrer avant de rentrer à Bhopal la semaine suivante. Le mari avait appris les principes spirituels de son père, un fervent dévot de Ramakrishna. La foi en Dieu de sa femme et de ses enfants était elle aussi profonde. Au milieu d'une vie fort occupée, ils trouvaient toujours du temps pour la *sadhana*. Ils avaient l'intention de rentrer chez eux le soir, après avoir eu le *darshan* d'Amma. Comme ils étaient en voiture, rentrer de nuit ne leur posait pas de problème.

Quand il eut l'occasion de parler à Amma, le mari dit : « Amma, j'ai beaucoup d'ennuis ces temps derniers. Ma femme a dû passer un mois à l'hôpital et quand elle est rentrée, c'est notre fils qui est tombé malade et est resté une semaine hospitalisé. Mon épouse prétend que nos ennuis disparaîtront si un astrologue étudie notre thème et nous indique comment y remédier. »

Amma : « Connaissez-vous quelqu'un qui puisse étudier vos

horoscopes ? »

Le mari : « Mon beau-père connaît l'astrologie. Chaque jour, ma femme fait une histoire et tente de me convaincre de lui envoyer nos coordonnées de naissance. Je n'ai aucune foi dans les horoscopes et les choses de ce genre. Nous devons subir notre destinée, alors à quoi bon ces études et ces pratiques ? »

Amma : « Il n'est pas juste de dire que cela ne sert à rien. En étudiant les positions des planètes, nous pouvons dans une certaine mesure connaître notre avenir. Si nous connaissons le chemin, nous pouvons éviter les embûches. Si nous savons qu'il y a devant nous une barrière de ronces ou un fossé, nous pouvons les éviter, n'est-ce pas ? »

Le mari : « Alors, nous pouvons changer le destin ? »

Amma : « Le destin peut être modifié grâce à *tapas* et à la *sadhana*. Même la mort peut être évitée. Tu connais sans doute l'histoire du sage Markandeya. Son destin n'a-t-il pas changé quand son cœur, priant face à la mort, a appelé au secours ? Tout ce qui est inscrit dans notre destinée peut-être transcendé grâce à des actions accomplies dans une attitude d'abandon total à Dieu. Mais nous devons être prêts à agir, au lieu de nous contenter de rester assis, oisifs, et de blâmer la fatalité. Accuser le destin sans rien entreprendre est un signe de paresse. »

Le mari : « L'horoscope qui prévoit l'avenir s'avérerait alors erroné, n'est-ce pas ? »

Amma : « Notre effort fera certainement une différence. Écoutez cette histoire : deux amis firent faire leur horoscope. Or ils étaient tous deux destinés à mourir d'une morsure de serpent. L'un d'entre eux devint la proie d'une inquiétude permanente et son angoisse le rendit fou. Les autres membres de la famille en perdirent le repos. L'autre ne se laissa pas gagner par l'angoisse. Il chercha une solution. Conscient des limites de son pouvoir face à la mort, il se tourna vers Dieu. Il s'abandonna à Dieu. Mais il utilisa aussi la bonne santé et l'intelligence que Dieu lui avait données : il prit toutes les précautions possibles pour éviter d'être mordu. Il resta chez lui et s'absorba dans le souvenir de Dieu.

« Une nuit, alors qu'il se rendait dans sa salle de *puja*, son pied heurta quelque chose. Il y avait dans la pièce une divinité en forme de serpent, dardant sa langue. C'est ce que son pied avait touché, et cela se produisit à l'heure où, selon l'horoscope, un reptile aurait dû le mordre. Bien que le serpent fût inanimé, il se blessa, mais il n'y avait pas de poison. Les efforts qu'il avait faits en se tournant vers Dieu portèrent leurs fruits. Son ami, par contre, devint la proie de l'anxiété avant même que rien n'arrivât et il gâcha ainsi sa vie. Ne blâmez pas le destin, mais faites des efforts. Vous pourrez ainsi triompher de tous les obstacles. »

Le mari : « Amma, j'ai une question. »

Amma : « Quelle question, Mon fils ? »

Le mari : « S'il était possible de modifier le destin, Sri Krishna n'aurait-Il pas pu changer la disposition d'esprit de Duryodhana et éviter la guerre ? Si Krishna lui avait révélé Sa forme divine, Duryodhana serait-il parti en guerre ? »

Amma : « Le Seigneur a révélé Sa forme suprême aux Kauravas comme aux Pandavas. Grâce à son humilité, Arjouna put reconnaître la majesté du Seigneur, mais Duryodhana, trop imbu de lui-même, en fut incapable. Il est inutile de montrer quoi que ce soit à ceux qui n'ont pas une attitude d'abandon à Dieu. Les principes de la spiritualité ne peuvent être transmis qu'à celui qui le mérite et qui est dans une juste disposition d'esprit. Pour Duryodhana, seule comptait la glorification du corps. Il n'était pas ouvert aux conseils de Sri Krishna ; il considérait que les paroles de Celui-ci visaient uniquement à aider les Pandavas. Il prenait le contre-pied de tout ce que lui disait Sri Krishna. La guerre seule peut venir à bout d'un tel ego. »

Le visage d'Amma prit une expression sérieuse. Elle se leva brusquement. Ses pensées s'étaient tournées vers autre chose. Les visiteurs se prosternèrent et se retirèrent. Amma Se dirigea vers la cocoteraie. Marchant au milieu des arbres, Elle chantait quelques strophes d'un *bhajan* à voix basse. Levant les bras vers le ciel, Elle répétait les mêmes paroles sans Se lasser, avec une grande intensité ; Sa voix tremblait et se brisait.

Au bout d'un moment, Elle S'assit sur le sable et pencha Son visage vers le sol. Versait-Elle des larmes pour Ses enfants ? N'osant rompre Sa solitude, tous s'esquivèrent discrètement. Amma S'allongea par terre et resta plusieurs heures dans cette position. Le mental limité de l'être humain doit s'avouer vaincu lorsqu'il tente de comprendre la nature insondable de Ses actes. La seule solution est alors un abandon total de soi-même.

Samedi 10 août 1985

Le jour se levait. Pendant la nuit, un homme d'âge moyen était arrivé à l'Ashram, trop ivre pour marcher correctement.

Deux jeunes hommes discutaient à présent avec lui, car il leur devait de l'argent. Il avait emprunté leur auto-rickshaw pour venir cette nuit-là. En route, il s'était arrêté à tous les bars. Arrivé à l'Ashram, il ne lui restait plus d'argent. Ils réclamaient soixante roupies, et il n'avait que quelques pièces. Il finit par leur donner sa montre, qui avait de la valeur, et les renvoyer.

Sa démarche était incertaine. Les *brahmacharis* l'aidèrent à marcher jusqu'à l'école de Védanta et le firent s'allonger. Suivant le conseil d'un dévot, il but un peu de petit lait. Quelqu'un l'aida à changer de vêtements.

Ce jour-là, un programme d'*archana* et de *bhajans* en la divine présence d'Amma était prévu à Kollam (Quilon). À huit heures du matin, Amma descendit de Sa chambre, prête à partir. L'homme qui était arrivé ivre accourut alors. Il s'était lavé et couvert de cendre sacrée. Il se prosterna de tout son long devant Amma en récitant à voix haute des hymnes à la Mère divine. Il Lui raconta aussi ses ennuis. Elle savait bien qu'il buvait, mais le consola pourtant avec un amour maternel. Elle lui dit : « Amma rentrera ce soir. Reste dormir ici cette nuit. Tu pourras rentrer chez toi demain, après le Dévi *Bhava*. »

Quelques dévots accompagnaient Amma et les *brahmacharis* à Kollam. Elle monta dans la grande barque qui servait de bac pour traverser la lagune. Désirant être près d'Elle, tout le monde monta dans le même bateau, mais il y avait trop de monde. Amma, ne voulant peiner aucun de Ses enfants, ne fit descendre personne. Si l'embarcation penchait, il rentrerait un peu d'eau, et si un bateau à moteur passait, elle sombrerait sûrement dans son sillage. Comme la Mère divine était avec eux, tous avaient confiance qu'il n'arriverait rien de tel.

« Mes enfants, il y a des gens qui ne savent pas nager. Soyez donc très prudents. Si vous bousculez le bateau, il sombrera. » dit-Elle d'une voix grave. L'embarcation s'éloigna doucement de la rive.

Le voyage spirituel

Amma dit : « Mes enfants, le voyage spirituel ressemble à cette traversée. Nous devons rester assis et nous maîtriser, retenant même notre respiration, jusqu'à ce que nous atteignions l'autre rive. Si nous n'exerçons pas ce contrôle, le bateau peut sombrer. Ainsi, tant que nous n'avons pas touché l'autre rive de l'océan du *samsara* (cycle des naissances, morts et renaissances), tant que nous n'avons pas atteint *purnam* (la plénitude), il nous faut faire attention à chaque pas. Une fois que nous sommes parvenus au but, il n'y a plus de souci à avoir. »

Amma, assise sur le siège de bois de la barque, contemplait l'eau. Puisqu'Amma est avec Ses enfants et leur tient fermement la main, pourquoi avoir peur ? Personne ne s'inquiétait. Sur l'autre rive, tout le monde grimpa dans le bus. Au cours du voyage, le *brahmachari* Vénou dit à Amma : « Un dévot m'a récemment confié qu'il n'avait aucune confiance dans les *Mahatmas*, parce que ceux-ci vivaient dans l'opulence, accumulant même des millions. »

Amma : « Nous ne pouvons les juger sur de tels critères. Voyez comment nous ornons les divinités des temples. Nous ne critiquons pas Dieu pour autant. Les gens ne prennent pas en considération les bonnes actions des *Mahatmas*. »

Vénou : « Il se plaint aussi de Toi, Amma. Il pense que Tu ne T'occupes pas des femmes. »

Amma (en riant) : « Oh, c'est vrai ? »

Vénou : « Bien qu'Amma soit une femme, il dit qu'il y a peu de *brahmacharinis* ici. »

Amma : « Amma, qui a voulu faire une ascèse dans le but de remédier à la faiblesse des femmes, les ignorerait-Elle maintenant ? Pour mener la vie de *sannyas*, il faut une bonne mesure de *purushatvam* (le principe masculin). On ne doit accepter dans les ashrams que des filles qui ont des qualités de *purushatvam*, telles que l'indépendance et un mental fort. Sinon, elles causeront plus de mal que de bien, même si elles sont venues dans l'espoir d'aider le monde. Si les garçons commettent une faute, le monde ne les critiquera guère. Même s'ils quittent l'Ashram, ils peuvent trouver du travail et gagner leur vie. Mais (en Inde) il en va autrement des filles. Elles doivent être très prudentes. Si elles découvrent qu'elles ne sont pas faites pour la vie d'ashram, il faut qu'elles puissent subvenir à leurs besoins. C'est pourquoi Amma insiste pour que toutes les filles qui vivent ici poursuivent leurs études.

« Les filles doivent être autonomes. Leur nature est pleine de compassion et elles s'attachent aisément. En conséquence, elles souffrent et se laissent facilement duper. Mais elles seront sauvées si leur tendance à créer des liens est orientée vers Dieu. Si une femme possède le détachement d'un homme, elle aura le pouvoir de dix. »

Brahmachari Paï : « Amma, que vaut-il mieux, l'action désintéressée ou la méditation ? »

Amma : « Mes enfants, qu'en pensez-vous ? »

Chacun donna son opinion, ce qui aboutit à un débat fiévreux. Amma écoutait en souriant et paraissait beaucoup apprécier. Tout le monde finit par se taire et La regarder. « Amma, s'il Te plaît, dis-le nous Toi-même ! »

Comme ils insistaient, Amma répondit : « Les deux sont nécessaires. *Tapas* ne suffit pas ; il faut agir. Le savon seul ne nettoie pas le linge, il faut le frotter ou le battre. Pour vaincre les circonstances, *karma* (l'action) est indispensable. Nous devrions pouvoir penser à Dieu sans cesse, quoi que nous fassions, et pas seulement pendant la méditation. En outre, les actions désintéressées nous aident à acquérir la pureté dont nous avons besoin pour méditer. L'action sert aussi à mettre à l'épreuve nos progrès en méditation. En revanche, l'action désintéressée n'est pas possible sans la méditation. Les actes d'un homme qui pratique *tapas* ont un pouvoir qui leur est propre ; ils profitent à tous. »

* * * * * * *

Ce soir-là, le Dr. Soudhamsou Chatourvedi, professeur d'Université, arriva à l'Ashram pour rencontrer Amma. Né dans l'État d'Uttar Pradesh, dans le nord, il vivait depuis longtemps au Kérala et parlait couramment malayalam. En attendant qu'Amma revienne de Son voyage, il discuta avec les *brahmacharis* sur différents sujets. À son avis, l'étude des Écritures était l'essentiel. Amma rentra enfin de Kollam. Elle S'installa à l'angle sud-est du *kalari*. Soudhamsou se prosterna et s'assit auprès d'Elle. Sans aucun préliminaire, Amma engagea la conversation.

Amma : « Mon fils, tu voyages beaucoup. Quand tu es à la gare, comment te renseignes-tu sur les horaires des trains ou des bus ? »

Soudhamsou : « Je demande au guichet ou je regarde les horaires affichés. »

Amma : « Une fois que tu as lu les renseignements, restes-tu planté là à lire le panneau d'affichage ou bien montes-tu dans le train ou le bus ? »

Soudhamsou : « Une fois que j'ai l'information, bien sûr, je monte dans le bus et je pars. C'est la seule manière d'atteindre ma destination. »

Amma : « Eh bien, les Écritures ne sont que des panneaux indicateurs. Si tu te contentes de les lire, tu ne parviendras pas au but. Quand tu es venu ici, tu as cherché le bon bus et tu l'as pris. C'est ainsi que tu as pu arriver. De même, c'est en accomplissant réellement la *sadhana* décrite par les textes que vous progresserez au niveau spirituel. Si vous mangez l'image d'une banane, vous n'aurez ni le goût ni les qualités nutritives du fruit. L'étude des Écritures est nécessaire, mais pour être bénéfique, elle doit s'accompagner d'une *sadhana*. »

Le professeur fut stupéfait de constater qu'Amma savait exactement ce dont il avait parlé avec les *brahmacharis* avant Son arrivée. Il se tut un moment, puis il posa une autre question.

Soudhamsou : « Si le Christ était vraiment un *Mahatma*, n'aurait-Il pas pu empêcher Ses ennemis de Le crucifier ? »

Amma : « Le Christ S'est sacrifié pour enseigner aux autres la grandeur du sacrifice et du pardon. Les *Mahatmas* peuvent mettre fin à leur souffrance en une seconde s'ils le désirent. Mais leur souhait est de donner un exemple au monde entier, même si cela implique qu'ils doivent souffrir. Personne ne peut rien leur faire. Vous ne pouvez pas même les approcher sans leur consentement. Nul ne peut aller contre eux s'ils s'y opposent. Ils se soumettent volontairement à la souffrance pour enseigner au monde comment affronter les forces hostiles et les circonstances adverses. »

Soudhamsou posa une autre question : « Comment ces *brahmacharis* sont-ils venus résider ici ? »

Amma : « Quand une fleur s'épanouit, inutile d'envoyer des invitations à venir goûter son nectar. L'abeille arrive d'elle-même. Ces enfants avaient un *samskara* (une disposition) spirituel que leur rencontre avec Amma a réveillé. Si vous entendez le premier vers d'un chant oublié, le chant entier vous revient bien en mémoire. Ces enfants étaient prêts à mener une vie en accord avec le *samskara* qui était déjà en eux. Amma ne fait que les guider, c'est tout. »

Soudhamsou : « Je pratique la méditation et le *japa* depuis longtemps, mais je ne suis pas satisfait de mes progrès. »

Amma : « Il faut aussi éprouver de l'amour pour Dieu. Sans cet amour, tu peux faire autant de *japa* et de méditation que tu veux, tu n'obtiendras aucun résultat. Quand ton amour pour Dieu sera très fort, toutes les mauvaises tendances en toi tomberont d'elles-mêmes. Il est difficile de ramer à contre-courant, mais si l'on hisse la voile, cela devient facile. L'amour de Dieu est comme la voile qui aide le bateau à avancer.

« Quand deux amants sont ensemble, ils n'aiment pas que l'on s'approche d'eux. Un vrai *sadhak* a la même attitude. Il n'aime rien qui ne soit pas lié à Dieu. Absorbé dans le souvenir de Dieu, il ne supporte pas les obstacles qui se dressent entre le Divin et lui. Rien n'a de valeur à ses yeux, hormis son amour pour Dieu.

« Mon fils, il faut être résolu à atteindre le but *(lakshya bodha)*. C'est à cette condition que notre *sadhana* aura une profondeur suffisante. Si quelqu'un quitte sa maison animé du désir intense d'aller à un certain endroit, aucun obstacle ne pourra l'arrêter. S'il manque le bus, il prendra un taxi. Mais s'il n'est pas très intéressé, il décidera peut-être dans ce cas de rentrer chez lui et d'essayer le lendemain. Mes enfants, sans une *sadhana* fervente, il est difficile d'atteindre le but.

« Avant de semer le grain, il faut préparer le terrain, arracher l'herbe et les mauvaises herbes. Sinon les graines germent difficilement. De même, nous ne connaîtrons la béatitude du Soi que si nous purifions le mental de tous les objets extérieurs pour le tourner vers Dieu.

« As-tu mangé, fils ? Amma n'y a pas songé, prise par la conversation. »

« Oui, Amma. »

La discussion se porta alors sur les problèmes personnels des dévots. Leur cœur, brûlant dans la fournaise du *samsara*, se rafraîchit en goûtant le nectar de l'amour d'Amma.

Lundi 12 août 1985

Le *bhava darshan* s'était terminé tard la nuit dernière. Pourtant, Amma avait ensuite continué à parler avec les dévots et à les consoler. Elle donna beaucoup d'amour à une femme qui venait La voir depuis un an, S'efforçant de la réconforter.

Avant sa rencontre avec Amma, sa fille était à l'hôpital avec un cancer. On avait essayé bien des traitements, mais aucun n'avait réussi. Elle se trouvait dans un état de détresse extrême, tant mentale que physique. Cette situation l'avait de plus mise au bord de la ruine. Ayant entendu parler d'Amma par un ami, cette femme vint La voir. Amma lui donna de la cendre sacrée pour sa fille malade et peu après, celle-ci commença à se rétablir. Ses souffrances disparurent et elle se sentit la force d'affronter n'importe quelle situation.

Les médecins, qui avaient abandonné, jugeant le cas désespéré, furent stupéfaits. La jeune femme quitta bientôt l'hôpital. Après sa sortie, elle était venue voir Amma plusieurs fois avec sa mère. Lors de leur dernière visite, Amma les avait averties qu'une opération serait bientôt nécessaire. Une semaine plus tard, l'état de la fille empira et elle dut retourner à l'hôpital. Les docteurs recommandèrent une nouvelle intervention, qui devait avoir lieu dans deux jours. Sa mère était venue recevoir la bénédiction d'Amma avant l'opération. Elle rentrait chez elle dans les premières heures de la matinée et Amma trouva une famille de dévots, venue de Trissur, pour l'emmener.

Amma S'apprêta à remonter dans Sa chambre. Les corbeaux croassaient déjà, annonçant le début d'un nouveau jour.

Amma ne descendit pas dans la hutte de *darshan* avant trois heures de l'après-midi. Comme c'était un lendemain de Dévi *bhava*, le nombre de dévots était peu important. Un *brahmachari* méditait dans la hutte. En voyant Amma, il se prosterna et saisit l'occasion de Lui poser une question, avant l'arrivée des dévots.

« Amma, quelle est la relation entre le *karma* et la réincarnation ? On dit que celle-ci est causée par le *karma*. »

Amma : « Mon fils, notre corps est entouré d'une aura. Comme on enregistre des paroles sur une cassette, nos actions laissent une trace sur cette aura. Si elles sont bonnes, l'aura prend une teinte dorée. Alors, quoi que nous fassions, les obstacles sont éliminés et les choses tournent bien. Mais l'aura de ceux qui font du mal s'obscurcit. Ils rencontrent toujours des obstacles et des problèmes. Après leur mort, leur aura reste sur terre, devient la nourriture des vers et des insectes, et ils se réincarnent. »

Comme les dévots arrivaient pour le *darshan*, le *brahmachari* se prosterna et partit. Amma s'enquit de la situation des dévots. L'un d'entre eux déposa un cadeau à Ses pieds, un paquet enveloppé dans du papier de couleur vive.

Amma : « *Mone*, comment va ton fils ? »

Le dévot : « Par Ta grâce, Amma, il a retrouvé son emploi. Une lettre de sa femme est arrivée il y a quelques jours, déclarant qu'il avait cessé de fumer du ganja (chanvre). Il se conduit bien et ne parle que de Toi. Il m'a même envoyé sa première paye, me demandant de Te donner des nouvelles et d'obtenir Ta bénédiction. C'est pourquoi je suis venu aujourd'hui. »

Amma : « C'est une joie pour Amma d'apprendre qu'il a arrêté de fumer. Mon fils, dis-lui que le changement dans son comportement réjouit Amma plus que le cadeau qu'il a envoyé. »

Le fils du dévot travaillait à Bhilai. Il avait perdu son travail quand il s'était mis à fumer des quantités excessives de ganja ; il avait alors passé un an au Kérala, sans trouver de travail. C'est alors qu'il était venu voir Amma, dont le cœur avait été ému par son désir sincère de se libérer de cette mauvaise habitude. Elle lui avait donné des pilules de musc en les bénissant et en lui disant d'en prendre une chaque fois qu'il ressentirait le besoin de fumer. Il parvint peu à peu à réduire sa consommation de ganja et à s'arrêter complètement. Quelques mois auparavant, il avait pu, de manière inattendue, reprendre son ancien emploi.

Le dévot ajouta : « Il a pris toutes les pilules qu'Amma lui avait données avant de partir. Maintenant il garde toujours du musc dans sa poche. Il dit que l'odeur lui suffit. »

Amma : « C'est grâce à sa foi. Pour qui a la foi, non seulement le musc, mais même des pierres donneront des résultats. »

Amma n'affirme jamais que quoi que ce soit est dû à Son pouvoir. Elle qui est établie dans l'absolu nous enseigne par Ses actions ce que signifie l'abandon total au Divin.

Samedi 24 août 1985

Le vendredi, Amma arriva à Kodungallour pour les *bhajans* du soir au temple de Dévi. Ceux qui L'accompagnaient passèrent la nuit dans la maison d'un dévot. Le matin, les *brahmacharis* récitèrent le Lalita Sahasranama et Amma fit l'*arati* avec du camphre. Après avoir béni de Sa présence trois autres maisons de dévots, Elle rentra avec le groupe qui L'accompagnait. Ils s'arrêtèrent au bord de la route pour déjeuner. La famille qui les avait accueillis la nuit précédente leur avait préparé à manger. Amma servit la nourriture sur des feuilles de bananier aux voyageurs assis en cercle autour d'Elle. Après avoir récité le chapitre quinze de la Bhagavat Gita, ils chantèrent *brahmar panam* et déjeunèrent. Quelqu'un alla chercher un récipient dans une maison voisine et le remplit d'eau à un robinet pour que tous puissent se laver les mains. Les éventuels spectateurs de la scène se demandèrent peut-être qui étaient ces nomades et d'où ils venaient. Amma voyage sans S'inquiéter de la nourriture ni du sommeil, versant la lumière de la paix éternelle sur le chemin de Ses enfants enlisés dans l'ignorance. Elle accourt pour les réconforter, eux qui sont pris dans l'illusion de Mâya, et leur donner tout ce qu'Elle a. Comment pourraient-ils soupçonner la grandeur de Son sacrifice ?

Où Amma clarifie les doutes des *brahmacharis*

Le groupe ne fit pas de sieste après le déjeuner et le voyage reprit. Le *brahmachari* Vénou avait très mal aux oreilles depuis la veille au soir, ce qui l'avait empêché de dormir. Amma le fit asseoir près d'Elle dans le véhicule et demanda aux autres de se pousser pour qu'il puisse s'allonger. Elle lui mit la tête sur Ses genoux et le réconforta. « Tu as retenu trop longtemps ta respiration pendant le *pranayama*, c'est ce qui a provoqué ce mal d'oreille », dit-Elle.

Vénou : « Veux-Tu dire qu'il est mauvais de faire *pranayama* ? »

Amma : « Non, ce n'est pas mauvais. Mais, Mes enfants, vous n'avez pas la patience de le faire correctement. Dans les temps reculés, les gens étaient en bonne santé et ils étaient patients. Ils étaient capable de pratiquer comme il faut. Les gens d'aujourd'hui n'ont ni santé ni patience. Il est très dangereux de pratiquer le *pranayama* sans se placer sous la direction d'un Maître. »

À cause de l'affluence des dévots qui venaient à l'Ashram, les *brahmacharis* avaient rarement la possibilité de parler avec Amma sur des sujets spirituels. Les voyages étaient pour eux l'occasion de s'asseoir près d'Elle et d'écouter Ses divines paroles.

Un *brahmachari* : « Amma, qui est plus grand, Dieu ou le *guru* ? »

Amma : « En principe, Dieu et le *guru* sont un. Mais nous pouvons dire que le *guru* est supérieur à Dieu. La grâce du *guru* est unique. S'il le veut, il peut dissiper les effets de la colère de Dieu, alors que Dieu Lui-même ne peut effacer le péché qui consiste à manquer de respect au *guru*. Quand vous avez réalisé Dieu, vous pouvez déclarer que vous ne faites qu'un avec Lui. Mais il n'est pas possible d'affirmer que vous ne faites qu'un avec le Maître. C'est le *guru* qui initie le disciple, lui donnant le *mantra* qui le mènera à la réalisation de Dieu. C'est lui qui montre le chemin menant au but. Le *guru* conservera toujours ce statut spécial. Même après avoir réalisé la vérité, le disciple fera montre envers le *guru* d'une grande humilité. »

Bri : « Amma, combien de fois faut-il répéter le *mantra* que Tu nous donnes pour obtenir *mantra siddhi* ? »

Amma : « Peu importe le nombre de fois. C'est la manière dont vous le répétez qui compte. Même si vous le psalmodiez des millions de fois, comment en retirerez-vous le moindre bénéfice si dans le même temps vous menez une vie insouciante, dépourvue de *shraddha* ? Le nombre de répétitions dépend de la longueur du *mantra*. Il faut pratiquer le *japa* avec concentration. Quand la concentration est parfaite, peu importe le nombre de répétitions. Un nombre relativement faible suffira pour obtenir *mantra siddhi*.

« Concentrez-vous sur la forme ou sur le son du *mantra*. En le répétant, vous pouvez vous concentrer sur chaque lettre du *mantra* en les prenant séparément. Vous ne parviendrez pas toujours à une concentration parfaite. C'est pourquoi on dit qu'il faut répéter le *mantra* des dizaines de millions de fois. Plus vous le répétez, plus votre concentration augmente.

« Poser une telle question revient à demander combien d'eau demande une plante pour porter des fruits. Il faut l'arroser, mais la quantité d'eau dépend de l'espèce, du climat, du terrain, etc. L'eau ne suffit pas. La plante a besoin de la lumière du soleil, d'engrais, d'air et de pesticides. Ainsi, sur le chemin de la spiritualité, le *mantra* n'est qu'un aspect. De bonnes actions, de bonnes pensées et la compagnie de gens vertueux (*satsang*) ont une grande importance. Lorsque ces conditions sont réunies, on en retire le bénéfice selon la volonté de Dieu. »

Bri : « Peut-on obtenir des *siddhis* en répétant un *mantra* ? »

Amma : « Les *siddhis* dépendent de votre concentration. Le *japa* peut induire des *siddhis*. Mais si on les utilise sans discernement, on se détourne de la voie qui mène au but ultime. Ne croyez pas que vous pouvez mener votre vie n'importe comment une fois que vous avez été initiés à un *mantra*. Amma vous observe. Imaginez que vous preniez le bus. Si vous achetez le ticket mais que vous ne l'avez pas quand le contrôleur arrive, on vous fera descendre. Il n'y a pas de clémence.

« Une fois parvenu à la réalisation, vous avez tous les *siddhis*. La réalisation est au-delà de tous les pouvoirs. Le monde entier est alors entre vos mains. Si, au lieu de désirer la réalisation, vous demandez à Dieu des *siddhis*, cela revient à faire de grands efforts pour vous introduire à la cour du roi, pour finalement, arrivé devant lui, ne demander que des groseilles à maquereau. »

Bri : « Combien de temps faut-il pour obtenir la vision de Dieu ? »

Amma : « Nous ne pouvons prédire quand nous verrons Dieu. Cela dépend du désir du chercheur et de l'effort qu'il fournit. Si nous prenons un omnibus nous ne pouvons prévoir l'heure de notre arrivée, car le bus fait de nombreux arrêts en route. Mais nous pouvons connaître avec plus ou moins de précision l'heure d'arrivée d'un express, dont les arrêts sont limités. De même, si nous pensons à Dieu sans perdre un moment, avec un détachement total, nous atteindrons le but en peu de temps. Si notre *sadhana* n'est pas très intense, il est difficile de dire quand nous y parviendrons.

« Les Écritures affirment parfois qu'il faut moins d'une seconde pour atteindre la réalisation. En d'autres endroit, elles déclarent que c'est difficile, même en y consacrant cent vies. L'intensité de la *sadhana* et le *samskara* que nous avons hérité de nos existences antérieures déterminent le temps qu'il nous faut pour parvenir au but. La *sadhana* ne consiste pas à rester assis quelque part les yeux fermés. Il faut garder le but toujours présent à l'esprit et ne jamais relâcher notre effort. Pardessus tout, il faut un cœur pur. Lorsque le cœur est pur, il est facile d'obtenir la grâce de Dieu. »

Bri : « Amma, une vision de Dieu est-elle la même chose que la réalisation ? »

Amma : « Certaines personnes ont des visions pendant la

méditation. Il existe un état de méditation qui n'est ni le sommeil ni l'éveil. Vous pouvez l'appeler l'état de rêve de la méditation. C'est en général dans cet état que l'on obtient la vision de différentes formes divines. Nous ne pouvons appeler cela la vision de Dieu et nous ne devrions pas nous y attacher, mais avancer sur la voie. »

Assis au fond du bus, deux *brahmacharis* n'écoutaient pas Amma. Ils étaient absorbés dans une discussion au sujet du passage des Oupanishads qu'ils étudiaient. Ils jetaient de fréquents coups d'œil vers Amma pour voir si Elle les écoutait. Elle finit par S'interrompre et Se tourner vers eux.

Amma : « Mes enfants, ne perdez pas votre temps à essayer de décider si le fruit qui est dans l'arbre est mûr, s'il paraît mûr ou s'il est infesté de vers. Grimpez pour le cueillir ! Ne gaspillez pas votre temps à débattre de ceci ou de cela. Répétez votre *mantra* sans arrêt. Si vous voulez progresser, ne relâchez pas un instant votre effort. Il n'existe pas de raccourci. »

Une expérience étonnante

Le mal d'oreille de Vénou avait disparu, peut-être grâce au contact magique d'Amma, peut-être parce qu'il buvait le nectar de Ses paroles. Lorsque le minibus arriva à Alapuzha (Allepey), il s'arrêta et refusa obstinément de redémarrer. *Brahmachari* Ramakrishna, qui conduisait, s'inquiéta, car il ne voyait aucune raison pour que le moteur cale. Il regarda Amma, impuissant. Sans rien dire, Elle descendit du bus et Se mit à marcher. Les *brahmacharis* La suivirent. Ramakrishna fit de même, Lui demandant s'il devait appeler un garagiste ou chercher à louer un autre véhicule au cas où la réparation exigerait du temps. Mais Amma ne répondit pas. Shekhar, un de Ses dévots, habitait près de l'endroit où le bus avait stoppé. Elle se dirigea tout droit vers sa maison.

En voyant Amma, toute la famille fut submergée de joie. Ils espéraient depuis longtemps qu'Elle leur rendrait visite. Sachant qu'Elle rentrait ce jour-là de Kodungallor, ils avaient prié pour qu'Elle vienne. En fait, ils en parlaient justement, l'un d'entre eux doutant qu'Amma vienne sans avoir été invitée, quand Elle entra. Ils pouvaient à peine en croire leurs yeux. Ils La reçurent avec respect et La conduisirent dans la salle de *puja* où Elle fit l'*arati* avec du camphre. Puis Elle appela chacun des membres de la famille, calmant leur peine avec le baume de Ses douces paroles.

Amma sortit bientôt de la maison. Ramakrishna attendait dehors, réfléchissant en silence. Sans un mot, Amma Se remit à marcher en direction du véhicule. Ramakrishna Lui dit alors doucement : « Amma, le bus n'a pas encore été réparé. » Elle monta en disant : « Essaye de démarrer, Mon fils. » Ramakrishna mit le contact et le moteur tourna sans problème. Il se retourna pour regarder Amma, radieux ; Elle se contenta de sourire.

En route, ils rendirent visite à deux autres dévots ; il était dix-neuf heures trente lorsqu'ils arrivèrent à l'Ashram et c'était donc l'heure des *bhajans*. *Brahmachari* Anish[1], étudiant à la mission Chinmaya de Bombay, attendait le retour d'Amma. C'était sa première visite et sa première rencontre avec Amma.

1 Swami Amritagitananda.

Elle S'assit dans la cour entre l'école de Védanta et le *kalari* pour lui parler un moment. Les *brahmacharis* qui étaient partis avec Amma se joignirent aux chanteurs dans le temple. Anish finit par y aller, lui aussi. Captivé par les *bhajans*, il oublia tout. Le chant semblait raconter sa propre histoire :

Akalatta kovilil...

Dans un temple lointain,
Une flamme brûlait, inextinguible.
La Mère de compassion était assise là
Pour guider ceux qui errent dans les ténèbres.

Un jour qu'en ces lieux je vagabondais,
Cette radieuse incarnation m'appela.
Ouvrant le sanctuaire intérieur,
Elle passa sur mon front de la pâte de santal.

Chantant les louanges du Seigneur,
Elle me fit une place sur Son doux bras sacré.
C'est alors qu'un merveilleux rêve divin murmura
À mon oreille cette douce vérité :

« À quoi sert de pleurer ? Ignores-tu
Que tu as approché les pieds sacrés du Seigneur ? »
Je m'éveillai alors en poussant un soupir,
Et je vis devant moi Son visage de lotus.

Jeudi 5 septembre 1985

La Mère infatigable

Un groupe de dévots arriva après minuit. Partis de Kollam dans la soirée, ils avaient eu des ennuis de voiture et la réparation avait demandé beaucoup de temps. Ils pensaient rebrousser chemin, puisqu'il était si tard, mais ils changèrent d'avis devant l'insistance d'un de leurs enfants. Ils ne s'attendaient pas à voir Amma cette nuit-là, mais en arrivant, ils La trouvèrent seule dans la cocoteraie devant l'Ashram, comme si Elle attendait quelqu'un. En La voyant, ils oublièrent aussitôt leurs problèmes. Amma S'assit et leur parla jusqu'à quatre heures du matin.

À cinq heures, Elle prit une douche et descendit. Un *brahmachari* La supplia de Se reposer. Elle n'avait pas dormi de la nuit. La nuit prochaine serait consacrée au *bhava darshan*, Elle ne pourrait donc encore pas dormir. Amma répliqua : « Il ne faut pas dormir pendant l'*archana*. Nous faisons cette pratique avec un *sankalpa* divin. Tout le monde devrait être éveillé et y participer. Si nous dormons à cette heure là, cela provoquera des malheurs. Si Amma dort aujourd'hui pendant l'*archana*, vous dormirez tous demain. Il n'y aura plus de discipline à l'Ashram. »

Bri : « Mais, Amma, cela ne va-t-il pas nuire à Ta santé ? »

Amma : « Dieu S'en occupe. Amma n'est pas venue pour prendre soin de ce corps. Si vous respectez les règles de l'Ashram, rien n'arrivera à la santé d'Amma. »

Sachant qu'il était vain d'insister, le *brahmachari* se retira.

Amma alla dans la salle de méditation et Se joignit aux *brahmacharis* pour l'*archana*. Puis Elle alla S'asseoir dans la cocoteraie. Gayatri Lui apporta une tasse de thé. Elle en but la moitié et la lui rendit.

Amma appela le *brahmachari* Sarvatma Chaitanya, qui vivait d'ordinaire en France, où il se consacrait à faire connaître Son enseignement. Il était en visite. Sarvatma arriva, se prosterna et s'assit près d'Elle.

Sarvatma : « Amma, je sais que Tu n'as pas dormi ; c'est pourquoi je ne suis pas venu Te voir. Ce soir, c'est *bhava darshan*, Tu devrais Te reposer un moment. Je viendrai ensuite. »

Amma : « Mon fils, tu dois repartir, n'est-ce pas ? Ne t'inquiète pas du bien-être d'Amma. La plupart du temps, Elle ne dort pas la nuit. Quand pourrait-Elle dormir les nuits de *bhava darshan* ? Les autres nuits, Amma lit des lettres, et il est très tard quand Elle finit.

« Amma a l'habitude de rester éveillée la nuit. Ce n'est pas récent. Elle est ainsi depuis l'enfance. La souffrance de ne pas encore avoir obtenu la vision de Dieu La tenait éveillée. Si Elle S'endormait, Elle S'infligeait des blessures pour ne pas dormir. Tout le jour, Elle était prise par les tâches ménagères. Quand Elle avait fini de laver la vaisselle le soir, les autres dormaient à poings fermés. C'était le seul moment où Elle pouvait prier sans être dérangée. Elle restait éveillée toute la nuit, pleurant pour obtenir la vision de Dieu.

« La nuit est le meilleur moment pour prier. La nature est tranquille. Personne ne nous dérange. Si vous allez sur la plage, personne ne s'en apercevra et vous y trouverez la solitude. »

Comme Sarvatma songeait au sacrifice d'Amma et à la sévérité de Son ascèse, ses yeux se remplirent de larmes.

Amma changea de sujet et lui demanda : « Mon fils, que voulais-tu demander à Amma ? »

Incapable de parler, Sarvatma, silencieux, plongea son regard dans le Sien.

Le travail d'un missionnaire

Amma dit à Gayatri, qui se trouvait à côté : « Ce fils s'est rendu dans bien des endroits pour donner des conférences. Dans certaines villes, l'audience était nombreuse, mais dans d'autres, très réduite. Il s'inquiète en songeant que si les gens ne viennent pas, c'est que ses discours sont mauvais. *(Se tournant vers Sarvatma)* Mon fils, pourquoi te soucier du nombre des auditeurs ? Tu fais bien ce dont Amma t'a chargé, n'est-ce pas ? Prends garde à une seule chose : sois d'une grande humilité dans tes paroles et dans tes actes. Il faut nous mettre au niveau des gens pour les aider à élever leur conscience.

« Les enfants aiment jouer. Ils ne rentrent même pas à l'heure pour manger. C'est le rôle de la mère de nourrir son enfant au bon moment, mais il ne s'agit pas de lui crier dessus ou de lui donner la fessée. Qu'elle l'appelle avec amour et se mette à son niveau. Alors il rentrera manger. Ainsi, les gens ne s'intéressent peut-être pas immédiatement aux idées spirituelles, c'est à nous d'éveiller leur intérêt. Tout le monde apprécie l'humilité. Tout le monde désire être aimé. Chaque personne doit être abordée à son niveau ; nous pouvons ensuite l'aider à progresser. »

Sarvartma : « Certaines personnes demandent s'il est juste

de former des associations au nom des *Mahatmas*. »

Amma : « Mon fils, on peut éviter d'employer le nom d'une personne, mais si l'on constitue un mouvement, il faut bien lui donner un nom. Prenez par exemple un idéal au lieu d'un nom propre. Que ce soit la Voie de l'Amour, ou la Voie de l'*Atman*. De toutes façons, il faut une étiquette. Alors des gens se regrouperont et cela deviendra un groupe ou une organisation. Elle sera connue pour représenter des valeurs comme par exemple l'amour ou le sacrifice de soi. Puis il y aura la photo de la personne qui a démarré le mouvement. On finira par le nommer d'après cette personne ou quelques autres.

« Nous avons besoin d'un outil pour transformer le mental humain, qui est égoïste, et l'ouvrir à l'amour. Il faut attacher le mental à un idéal, comme on enferme un cheval dans un enclos pour le dompter. Certains s'adressent pour cela à un *satguru*. Le nom du Maître symbolise les idéaux qu'il enseigne par l'exemple de sa propre vie. D'autres adoptent une méthode différente. Sans le cadre d'une organisation, il est difficile de faire connaître les enseignements. Pourquoi renoncer aux immenses services qu'elle peut rendre, à cause de quelques petits défauts ?

« Pourquoi mettre une clôture autour du champ ? », demanderas-tu. Mais elle a une fonction, c'est clair. Quoi que tu fasses, il y aura des inconvénients, mais ne t'en inquiète pas. Efforce-toi de voir le bien en tout et enseigne aux autres à faire de même. On dit que le cygne, si on lui offre un mélange d'eau et de lait, est capable d'en extraire le lait. Aie l'esprit large. Ne prend que ce qui est bon. Vis en distinguant toujours avec soin l'éternel de l'éphémère.

« Dans certaines régions de l'Inde, la première lettre du nom du père précède celui de l'enfant. Le père y gagne-t-il quelque chose ? Une institution bénéficie à d'innombrables personnes. Un *sannyasi* ne vit pas pour lui-même, mais pour enseigner aux autres le principe suprême. C'est dans ce but que les disciples répandent l'enseignement de leur *guru* et telle est aussi la fonction des ashrams.

« Ne considérez pas les *Mahatmas* comme des individus. Ils représentent un idéal, le principe ultime. C'est lui que nous devons contempler. Bien qu'il nous apparaisse sous la forme d'un individu, le *guru* est le principe du Soi, immanent à tout l'univers. Nous pouvons considérer comme des individus ceux qui vivent pour leur famille ou pour l'accomplissement de leurs désirs. Mais les *Mahatmas* sont-ils ainsi ? Non. Leur existence bénéficie au monde entier. Ils apportent la paix à des milliers de gens.

« Mon fils, la plupart d'entre nous ont grandi avec l'aide de plusieurs personnes. Peu de gens sont capables d'évoluer en ne s'appuyant que sur les principes intérieurs. Dans notre enfance, nous dépendons de nos parents. Puis nous recherchons le soutien de nos amis ou de notre conjoint. Nous n'apprenons donc à aimer et à servir que des individus, nous sommes incapables de vivre uniquement pour les principes spirituels. Mais les *Mahatmas* sont au-delà du nom et de la forme. Même quand vous les voyez agir en tant qu'individus, il n'y a pas d'ego en eux. Ils n'ont aucun sens de l'individualité. Si nous nous appuyons sur eux, nous ferons des progrès rapides et nous nous ouvrirons à une autre dimension. »

Amma Se leva lentement, et Sarvatma Chaitanya se prosterna devant Elle. Amma donna un baiser à ce fils qui partait au loin, puis alla dans la hutte pour donner le *darshan* aux dévots.

Entre la hutte de *darshan* et l'école de Védanta, il y avait quelques plantes. Deux *brahmacharis* contemplaient justement la beauté des fleurs. Voyant venir Amma, ils Lui firent place. Une des plantes dépérissait. Quand Amma passa devant le pot, Elle leur dit : « On peut voir quel est votre degré de vigilance aux choses extérieures. Si vous aviez la moindre *shraddha*, cette plante aurait-elle dépéri ? C'est parce qu'elle n'a pas été arrosée à temps qu'elle s'est desséchée. Il suffit de regarder les plantes qui entourent un *brahmachari* pour connaître son degré de *shraddha* envers le monde. Qui aime Dieu aime tous les êtres vivants et en prend soin. »

Amma entra dans la hutte et commença à recevoir les dévots.

Unniyappam

Une dévote avait apporté pour les *brahmacharis* quelques *unniyappam* (beignets sucrés faits de farine de riz et de sucre brun). Elle les offrit à Amma.

Amma : « Ma fille, à quoi sert qu'ils aient quitté leur foyer si tu leur apportes des friandises ? Ils sont venus s'exercer au renoncement. Que fera Amma si chacun reçoit de la nourriture venant de chez lui ? »

La dévote : « Amma, nous n'apportons cela que de temps en temps. Quel mal cela peut-il leur faire ? »

Amma : « Leur donner ce qu'ils désirent, c'est leur faire du mal, fille. Ce n'est pas de l'amour. L'amour vrai consiste à ne pas leur apporter de nourriture qui flatte le palais, à leur insuffler le désir de contrôler le goût et le mental et à les y encourager. Celui qui contrôle parfaitement son mental jouit en permanence du nectar de la béatitude. Mais la nourriture, une fois descendue dans l'estomac, est transformée en excrément. Il est impossible de contrôler le mental sans maîtriser le goût. Si ces enfants désirent les gâteries de leurs parents et une nourriture savoureuse, pourquoi viennent-ils ici ? Abandonnant leur foyer et leur entourage, ils sont venus dans un but différent. »

Les yeux de la femme se remplirent de larmes. « Amma, j'ignorais que je commettais une si grave erreur. Je les considère tous comme mes enfants. Je ne pense qu'à leur bien-être. »

Amma l'attira à Elle et l'embrassa.

Amma : « Ma fille, Amma ne voulait pas te faire de peine. Elle voulait simplement connaître ton état d'esprit. Quelqu'un ici doit avoir une forte envie d'*unniyappam*, c'est pourquoi tu en as apporté aujourd'hui ! »

Amma rit, et tous les dévots se joignirent à Elle.

« Malgré ce qu'Elle vient de dire, Amma Elle-même prépare parfois de bons petits plats pour Ses enfants. Elle pense : « Ces enfants étaient tellement choyés chez eux ! Sont-ils heureux avec la nourriture d'ici ? Qui d'autre qu'Amma va les gâter maintenant ? » Alors en certaines occasions, Elle leur prépare des plats spéciaux. Ou bien lorsqu'Elle a ce genre de pensées, les dévots apportent des gâteries. Par la grâce de Dieu, les enfants qui sont ici n'ont jamais eu le sentiment de manquer de rien.

« D'autres fois, l'attitude d'Amma change et Elle ne leur donne que du riz, sans rien pour l'accompagner. Parfois Elle crée des circonstances où ils doivent se passer de manger. Après tout, ils doivent s'habituer à cela aussi. Ne soyons pas les esclaves de notre palais. Oubliant le goût de la langue, nous pourrons savourer celui du cœur. »

Amma appela Gayatri et lui confia les *unniyappam* pour qu'elle les distribue aux résidents. Gayatri n'avait pas entendu la conversation qui s'était déroulée dans la hutte. Elle prit le paquet et chuchota quelque chose à l'oreille d'Amma, qui Se mit à rire de bon cœur. Tous se demandaient ce qui se passait.

Amma : « Amma vous avait bien dit que quelqu'un devait avoir envie d'*unniyappam*. Un des fils a raconté à Gayatri qu'il en mangeait chez lui et combien il aimerait y goûter de nouveau. »

Rire général.

Le *darshan* se prolongea jusqu'à deux heures de l'après-midi. Avant de remonter dans Sa chambre, Amma Se rendit dans le réfectoire pour S'assurer que tout le monde avait mangé. Comme c'était aujourd'hui jour de *bhava darshan*, dès cinq heures Elle serait de nouveau en bas pour les *bhajans*.

Vendredi 6 septembre 1985

Le *brahmachari* Neal Rosner filmait les activités de l'Ashram avec une caméra apportée des États-Unis la veille par un dévot. Avant l'aube il avait filmé la psalmodie des *mantras* védiques et la récitation des mille Noms de Sri Lalita (*archana*). Mais le résultat n'était pas très bon, sans doute parce qu'Amma ne l'avait pas autorisé à recourir à un éclairage supplémentaire.

« Si tu allumes des lumières vives pendant l'*archana*, tout le monde sera distrait, » dit Amma à Nealou. « Le mental doit être totalement concentré sur la divinité d'élection ou sur le *mantra*. Quand nous récitons l'*archana*, la Mère divine est présente. Le but de cette pratique est de parvenir à la concentration. Cela doit être clair. »

Amma ne cesse de nous rappeler de nous concentrer totalement sur ce que nous sommes en train de faire.

Elle dit souvent que les chercheurs spirituels ne doivent pas permettre qu'on les prenne en photo. « La lumière du flash prive le chercheur d'une partie de son *ojas* (énergie subtile). »

Elle avait commencé par refuser toute prise de vue, mais Nealou, la nuit précédente, L'avait suivie partout en disant : « Amma, nous recevons tous les jours des lettres d'Amérique qui demandent une cassette vidéo sur Toi. Un grand nombre de Tes enfants ne peuvent venir ici. C'est pour eux qu'il faut le faire. Ce sont eux qui ont envoyé cette caméra. Je T'en prie, rien qu'une fois, Amma.. » Elle finit par accepter. « D'accord, puisque tu insistes. Mais ne dérange pas la méditation des enfants ou quoi que ce soit. Ne va pas non plus te planter devant Moi avec cet objet ! » Nealou dut se plier à ces conditions.

Debout derrière un cocotier, il attendait qu'Amma vienne dans la hutte pour le *darshan*. Le feuillage des arbres ne laissait pas passer assez de lumière et Amma ne permettait pas l'usage de l'éclairage artificiel pour la prise de photos. Elle arriva enfin. Elle marcha vers la hutte, apportant la lumière dans les zones d'ombre, sous les cocotiers. Nealou La suivit, goûtant la scène à travers l'œil de la caméra.

Le renonçant et sa famille

La mère d'un des *brahmacharis* attendait Amma. Sa fille l'accompagnait. Voyant Amma, elle se prosterna et Lui expliqua la raison de sa tristesse :

« Amma, nous allons fêter l'anniversaire de son père. Laisse-le venir passer quelques jours à la maison. »

Amma : « Mais Amma n'a interdit à personne de quitter l'Ashram. S'il veut venir, tu peux naturellement l'emmener. »

La femme : « Il n'accepte pas et ne veut obéir qu'à Toi, Amma. »

Le *brahmachari*, tête baissée, écoutait sa mère et sa sœur implorer Amma.

Amma Se tourna vers lui : « Mon fils, ne veux-tu pas aller avec elles ? » Il acquiesça sans joie, d'un signe de tête. Ils se prosternèrent tous trois et sortirent de la hutte.

Lorsqu'Amma sortit de la hutte après le *darshan*, Elle fut accueillie par le visage malheureux du *brahmachari*.

Amma : « Tu n'es pas parti ? Où sont ta mère et ta sœur ? »

Bri : « Elles sont parties. Je me suis débrouillé pour les renvoyer. »

Amma : « Tu n'as pas envie de rentrer pour fêter l'anniversaire de ton père ? »

Bri : « Non, Amma. Je serai heureux si Tu ne me demandes pas d'y aller. Mon seul regret est de ne pas T'avoir obéi. »

Amma, qui Se dirigeait vers Sa chambre, S'arrêta. Elle ne souriait pas. L'expression de Son visage était sérieuse, mais aussi pleine d'amour. Elle S'assit sur les marches, le *brahmachari* à Ses pieds. Elle le regarda droit dans les yeux.

Amma : « Mon fils, un *brahmachari* ne devrait pas garder de liens avec sa famille. Cela revient à ramer dans un bateau attaché à un arbre. Il ne fera pas de progrès dans sa *sadhana*. Si le mental est rempli de pensées, c'est la même chose. Comment avancer si l'eau est envahie par les algues ? Tu peux donner cent coups de rame et ne bouger que d'un centimètre.

« Quand tu parles à ta famille ou que tu lis leurs lettres, tu reçois des nouvelles de chez toi et du quartier. À quoi bon déclarer alors que tu as quitté la maison ? Tes pensées tourneront autour de ton foyer et de ton entourage. Comment pourras-tu alors te concentrer, agité par toutes ces pensées ? Les vagues de pensée ne s'apaiseront pas.

« Au début, un chercheur spirituel ne devrait même pas lire le journal. Cette lecture laisse sur le mental l'empreinte des événements du monde. Certains enfants lisent le journal et rapportent ensuite les nouvelles à Amma, qui fait mine de tout entendre pour examiner leur mental. Le lendemain, ils reviennent avec d'autres nouvelles ; ce n'est pas ce qu'Amma attend de vous. Un *brahmachari* devrait avoir une attitude d'abandon total à Dieu. Il devrait avoir la certitude que Dieu prendra soin de sa famille. Si sa foi est ferme, Dieu S'en occupera sans nul doute. Krishna n'est-Il pas venu Lui-même au secours de Kourouramma[1] ?

---

[1] Sainte du Kérala, associée au célèbre temple de Gourouvayourappa (dédié à Krishna), qu'elle pouvait apercevoir du village où elle habitait. Kourouramma vouait depuis l'enfance un culte à Krishna. Devenue veuve très jeune, elle assuma le rôle traditionnel dévolu aux veuves : celui d'une servante de la famille. Un jour, un brahmane assoiffé lui demanda à boire. Selon la coutume,

« Mon fils, si nous arrosons les racines d'un arbre, les branches en profitent. Mais si nous arrosons les branches, l'arbre n'en bénéficie pas et nous perdons notre peine. Si nous aimons Dieu, cela équivaut à aimer toutes les créatures. Elles en bénéficient, car le même Dieu demeure en chacun. En L'aimant, nous aimons tous les êtres. Par contre, si nous ne créons de liens qu'avec des individus, nous ne récolterons que du chagrin.

« Quand nous apprenons à conduire, nous allons dans un endroit désert pour nous exercer. Sinon, nous serions un danger public. Une fois que nous savons conduire, nous pouvons aller partout, même si la circulation est dense. Un *sadhak* doit de même s'éloigner de sa famille et de ses amis au début, pour pratiquer dans la solitude. Sinon, il lui sera difficile de fixer son mental sur Dieu. En progressant dans la *sadhana*, il sera capable de voir Dieu en chacun, d'aimer et de servir tous les êtres. Il ne perdra pas sa force spirituelle.

« Mon fils, si tu gardes des relations avec ta famille, tu perdras tes forces. Il suffit que tu écrives à ta mère. N'aborde que des sujets spirituels. Si tu rentres chez toi, dors dans la salle de *puja* et si quelqu'un te raconte les histoires de famille, ne l'écoute pas. Ne parle que de spiritualité. »

Les paroles d'Amma réconfortèrent le *brahmachari*. Il se prosterna, se retira, et Amma monta dans Sa chambre.

---

une veuve ne doit pas avoir de contact avec un homme. Kourouramma souhaitait donc que quelqu'un vienne et puisse apporter un verre d'eau au brahmane. Un jeune garçon qu'elle n'avait jamais vu jusqu'alors dans le village arriva et porta le verre d'eau. Il revint chaque jour l'aider aux travaux ménagers ; elle comprit peu à peu que Krishna Lui-même venait à elle sous cette forme.

Sur le rivage

À dix-sept heures trente, Amma descendit de Sa chambre et appela tous les *brahmacharis* à venir sur la plage. Quand ils arrivèrent, Elle était déjà en profonde méditation. Ils s'assemblèrent autour d'Elle et fermèrent les yeux. La présence d'Amma et le bruit de l'océan firent disparaître toute pensée du monde extérieur.

Au bout de deux heures, Amma ouvrit les yeux, Se leva et Se mit à marcher lentement le long du rivage. Comme Elle S'approchait de l'eau, les vagues de l'océan semblèrent se disputer le privilège de venir Lui embrasser les pieds. Celles qui y parvinrent se fondirent de nouveau dans l'océan, pleinement satisfaites. La nuit tombait, de la lumière paraissait émaner des vêtements blancs d'Amma. Continuant à marcher sur la rive, Amma Se mit à chanter doucement, les yeux fixés sur l'horizon. Elle semblait en extase. Ceux qui La suivaient chantaient avec Elle :

Omkaramengum

Le son Om résonne partout,
Son écho est dans chaque atome.
L'esprit en paix,
Chantons « Om shakti ».

Les larmes de tristesse coulent
Et Amma est maintenant mon seul soutien.
Bénis-moi de Tes belles mains,
Car j'ai renoncé à tous les plaisirs de ce monde.

La crainte de la mort a disparu,
Le désir de la beauté physique s'est évanoui,
Sans cesse je me rappelle Ta forme
Qu'illumine la lumière de Shiva.

Quand je serai rempli d'une lumière intérieure
Qui débordera pour briller devant moi,
Quand je serai ivre de dévotion,
Je me fondrai dans la beauté de Ta forme.

Ta forme
Est ce que j'ai désiré voir le plus.
Tout le charme du monde s'est cristallisé
Pour créer cette beauté inégalée.
Oh, maintenant mes larmes coulent...

Le chant terminé, Amma rentra à l'Ashram. Tous La suivaient en silence. Elle S'assit sur le sable à l'ouest. Voyant qu'Elle désirait être seule, les *brahmacharis* se retirèrent un à un.

Instructions aux *brahmacharis*

Après le *darshan*, Amma sortit de la hutte et Se dirigea vers les huttes des *brahmacharis*. Elle inspectait leur chambre de temps à autre pour voir si elle était rangée, balayée chaque jour, si quelqu'un gardait des objets superflus pour un usage personnel. Elle ne voulait pas voir plus d'un livre de bibliothèque dans la chambre de quiconque, ni un *dhoti* ou une chemise de plus que le strict nécessaire... et il était impossible de La tromper.

Un jour, remarquant qu'un *brahmachari* avait étalé une natte sur un morceau de tapis pour y dormir, Amma remarqua : « Nous dormions sur un sol en ciment ou en bouse de vache. La plupart du temps, nous n'avions ni nattes ni draps. Parfois toute la famille dormait sur des nattes étalées sur le sol et les bébés mouillaient les nattes. C'est ainsi que nous avons grandi. Gayatri vous dira qu'aujourd'hui encore, Amma dort la plupart du temps à même le sol, bien qu'Elle ait un lit et un matelas. Vous avez été habitués au confort pendant votre enfance, Mes enfants. Il vous serait difficile de dormir sur un sol en bouse de vache. »

Le *brahmachari* roula prestement le tapis.

Ce jour-là, Amma entra dans une des huttes et prit un paquet sous un écritoire. Elle semblait savoir exactement où il se trouvait, comme si c'était Elle qui l'avait mis là.

« Qu'est-ce que c'est, Mon fils ? » demanda-t-Elle au *brahmachari* qui vivait là. Il pâlit. Amma S'assit par terre et ouvrit le paquet. Il contenait des *ariyundas* (boules de farine de riz sucrées).

« Tes parents ont apporté cela pour leur fils chéri, n'est-ce pas ? » Le *brahmachari* baissa la tête. C'était vrai. Ses parents lui avaient donné cela la veille. Il leur avait demandé de confier le paquet à Gayatri, pour qu'elle en distribue le contenu à tous les *brahmacharis*, mais ils avaient refusé. « Nous avons apporté un autre paquet pour Amma et Ses enfants. Ceci est pour toi. » Comme ils insistaient, il avait cédé. Quelques *brahmacharis* avaient suivi Amma dans la hutte. Elle donna à chacun un *ariyunda*.

Amma : « Mon fils, Amma aimerait te voir couper même une banane en cent morceaux pour partager avec tous. Beaucoup de dévots apportent des sucreries et des friandises pour Amma, mais Elle ne peut rien manger sans partager. Elle garde tout pour Ses enfants. Elle goûte parfois une pincée, juste pour faire plaisir aux dévots. Sais-tu le mal qu'ils se donnent quelquefois pour cuisiner, faire le paquet et l'apporter ici, dépensant de l'argent pour le bus, etc. ? »

Elle S'arrêta et lui demanda : « Mon fils, Amma t'a-t-Elle fait de la peine ? »

Elle mit la tête du *brahmachari* sur Ses genoux, prit l'une des boules, en mangea un morceau et mit le reste par petites bouchées dans celle du *brahmachari*. Tant d'amour le rendit encore plus malheureux. Amma dit : « Ne pleure pas, Mon fils ! Amma dit cela pour que tu ne restes pas attaché à ta famille. Au moins, tu n'as pas tout mangé, tu en as mis de côté ; si cela avait été quelqu'un d'autre, nous n'aurions même pas vu le papier d'emballage, n'est-ce pas ? » dit-Elle aux autres en souriant.

Pour changer de sujet, Amma allongea le bras pour prendre un livre. Il était couvert de poussière. Elle l'épousseta. C'était un manuel élémentaire de sanscrit.

Amma : « Ne suis-tu pas le cours de sanscrit ? »

Bri : « J'ai manqué les deux ou trois dernières leçons, Amma. La grammaire ne rentre pas du tout. »

Amma : « À voir ce livre, il semble que tu ne l'as pas ouvert depuis au moins un mois. Mon fils, il n'est pas bon de négliger ainsi tes livres de cours. L'étude est une forme de Dévi Sarasvati. Tu devrais t'y consacrer avec *shraddha* et dévotion.

Quand tu prends un volume ou que tu le poses, manie-le avec respect et prosterne-toi devant lui. Veille à ce que tes livres soient propres et rangés. C'est l'enseignement qui nous a été transmis.

« Si tu refuses d'apprendre le sanscrit, comment vas-tu comprendre nos Écritures ? Le sanscrit est notre langue maternelle. Vous ne pouvez pas apprécier pleinement les Oupanishads ou la Gita sans la connaître. Pour comprendre les *mantras*, il faut les apprendre dans cette langue, qui est celle de notre culture. Il est impossible de séparer la culture de l'Inde du sanscrit. Nous pouvons, c'est vrai, acheter des traductions de ces textes, mais ce n'est pas la même chose. Pour connaître le goût du miel, il faut le goûter pur. Si vous le mélangez avec autre chose, vous n'en aurez pas la saveur. Le simple fait de prononcer des mots sanscrits contribue à notre bien-être mental.

« Cependant, Mes enfants, il est important que vous n'appreniez pas le sanscrit pour faire étalage de vos connaissances. Votre but devrait être de gagner en subtilité. Considérez le sanscrit comme le moyen d'y parvenir. Si vous voyez dans le journal une publicité indiquant où vous pouvez trouver des mangues, l'intérêt est d'aller en acheter et d'en manger, et non de fixer bêtement l'image dans le journal. Mais ne t'inquiète pas, Mon fils. Essaye de montrer désormais plus de zèle à l'étude du sanscrit.

« Il est bon de connaître cette langue, mais inutile de passer sa vie à étudier la grammaire. De nos jours, si tu fais étalage de ta connaissance du sanscrit, les gens n'apprécient guère. Les Écritures ont jailli du mental des sages qui menaient une vie de *tapas*. Les austérités nous donnent une vision claire et limpide. Celui qui s'y adonne peut apprendre en une journée ce qui en demanderait dix à un être ordinaire. *Tapas* est donc l'essentiel. Le sanscrit et le Védanta ont également leur importance, il faut les étudier, mais dans l'intention de connaître le but de notre vie et le chemin qui y mène. Cela fait, il s'agit d'avancer sur la voie.

« À la gare, nous consultons les horaires, achetons le billet et montons dans le train. Bien des gens qui se considèrent comme des savants se contentent de rester à la gare et d'apprendre les horaires des trains. Ils n'utilisent pas leur savoir.

« Si nous avons un gros sac de sucre, est-il nécessaire de tout manger pour savoir que c'est sucré ? Quand nous avons faim, nous devrions prendre juste ce qu'il faut pour apaiser notre faim. Inutile de consommer toutes nos réserves. Les soi-disant érudits ont une autre conception. Il semble qu'ils veuillent tout manger, et ils y gâchent leur vie.

« La plupart des savants n'ont que de l'érudition, aucune expérience spirituelle. Quel est le résultat ? Même s'ils étudient jusqu'à l'âge de quatre-vingt-dix ans, ils ne sont pas libérés de la souffrance. La plupart d'entre eux restent chez eux et vivent dans le souvenir de ce qu'ils ont étudié. S'ils avaient appris le nécessaire tout en se livrant à des austérités, leur savoir aurait profité à eux-mêmes et au monde. C'est pourquoi Amma déclare que vous devez posséder une certaine connaissance des Écritures, mais aussi pratiquer *tapas*. Cela seul vous donnera accès à l'expérience, vous apportera la paix et vous permettra d'agir pour le bien du monde.

« Lorsque vous aurez étudié et acquis de la force grâce à

votre discipline spirituelle, servez les autres et sauvez ainsi bien des êtres. Certains restent assis devant le temple à lire la Gita et les Oupanishads, mais reculent devant toute personne qui s'approche en criant : « Ne me touche pas ! Ne me touche pas ! » Quelle dévotion est-ce là ? Un magnétophone diffuse les paroles que d'autres ont prononcées. Ils recrachent ainsi les paroles de sagesse des *rishis*, mais sont incapables de mettre cette connaissance à l'œuvre dans leur vie. Ils sont incapable de faire preuve d'amour, ils ne sont pas libres de la vanité ni de la jalousie. À quoi sert une telle érudition ? Mes enfants, nous devrions aimer nos semblables et montrer de la compassion envers ceux qui souffrent. Sinon, nous ne trouverons jamais Dieu. Sans amour pour les autres, nous ne sommes que des créatures égoïstes. »

Un *brahmachari* qui écoutait demanda : « Si la méditation nous ouvre l'accès à la connaissance véritable, pourquoi ne pas méditer tout le temps ? À quoi servent les cours ? À quoi sert le *karma yoga* ? »

Amma : « C'est juste. Mais qui peut méditer sans interruption ? Si nous gardons la posture pendant une heure, obtenons-nous cinq minutes de concentration ? C'est pourquoi Amma vous dit de servir le monde après avoir médité. Il ne s'agit pas de s'assoupir au nom de la méditation et de devenir un fardeau pour le monde. Il se trouve que nous sommes nés sur cette terre. Avant de repartir, nous devrions apporter quelque bienfait au monde.

« Si quelqu'un peut méditer vingt-quatre heures sur vingt-quatre, c'est parfait. Amma ne l'enverra nulle part. Elle lui procurera tout ce dont il a besoin. Mais une fois assis, il s'agit de méditer réellement. Si le mental vagabonde en mille autres lieux, ce n'est pas de la méditation. Pour méditer, il faut que le mental soit fixé sur Dieu. Si vous travaillez en vous souvenant de Dieu et en chantant votre *mantra*, c'est aussi de la méditation. La méditation ne consiste pas uniquement à rester assis, immobile. »

Bri : « Amma, de quelle manière suggères-tu que nous servions le monde ? »

Amma : « De nos jours, les gens errent, ils ont oublié le sens de notre culture. C'est à nous de leur faire comprendre ce que signifie le vrai *samskara*. D'innombrables personnes souffrent de pauvreté, qu'elle soit matérielle ou spirituelle. Efforçons-nous d'y remédier. Si nous n'avons pas de nourriture à distribuer aux affamés, à nous de sortir et d'aller mendier pour eux. C'est cela, la véritable force. Il ne s'agit pas de faire *tapas* en ayant pour but notre seule libération, mais dans l'intention d'obtenir la force nécessaire pour servir le monde. Quand nous aurons assez de compassion pour cela, la réalisation de Dieu sera proche. Nous parviendrons plus vite au but en servant avec compassion qu'en nous consacrant exclusivement aux austérités. (Riant) Mais à quoi sert quelqu'un qui au nom de *tapas* reste assis, à moitié endormi, sans servir personne ? »

Bri : « Amma, permets-nous d'abord de savoir qui nous sommes. Le service du monde ne peut-il attendre jusque-là ? Tant de gens prétendent le servir de nos jours, sans aucun effet. Par contre, un seul individu parvenant à la libération peut changer le monde entier, n'est-ce pas ? »

Amma ferma les yeux, tournant un moment Son regard vers l'intérieur. Lentement, Elle rouvrit les yeux.

Amma : « Mes enfants, si vous dites que vous ne pouvez servir, que vous ne désirez que la libération, consumez-vous de désir pour elle ! Ceux qui brûlent ainsi n'oublient pas Dieu une seule seconde. Manger et dormir ne signifient rien pour eux. Leur cœur agonise de désir pour Dieu. »

Souvenirs d'enfance d'Amma

Les larmes Lui vinrent aux yeux. Elle raconta des souvenirs, quelques scènes émouvantes de Son enfance.

Amma : « Du début à la fin de Sa quête de Dieu, Amma fut plongée dans une douleur intense. Ses larmes ne cessaient pas de couler ; Elle ne dormait jamais. Quand le soleil se couchait, Son cœur était en émoi. Un jour encore était passé en vain ! Un jour gâché sans qu'Elle connaisse le Seigneur ! La douleur était intolérable. Elle restait éveillée toute la nuit, pensant que si Elle ne dormait pas, la journée ne serait pas perdue. Cette question ne La quittait pas : « Où es-Tu ? Où es-Tu ? » Incapable de supporter la souffrance d'être privée de Sa vision, Elle mordait et déchirait Son propre corps. Elle Se roulait parfois sur le sol en pleurant et en criant les noms divins. Elle fondait spontanément en larmes. Elle n'avait jamais envie de rire. À quoi bon rire quand on ne connaît pas Dieu ? « Comment puis-je me réjouir sans Te connaître ? Pourquoi manger si je ne Te connais pas ? Pourquoi me laver ? » Chaque jour s'écoulait ainsi pour Amma. »

Elle fit une pause, puis reprit : « Quand votre détachement est fort, il se peut que vous preniez le monde en grippe. Mais il faut aussi dépasser ce stade, pour voir que tout est Dieu.

« Amma éprouvait dans Son enfance un grand amour envers les pauvres. Quand ils avaient faim, Elle volait de la nourriture chez Elle et la leur apportait. Ensuite, dans Sa douleur d'être séparée de Dieu, Elle Se tourna contre le monde entier. En colère contre la nature, Elle disait : « Je ne t'aime pas, Mère Nature, car tu nous fais commettre de mauvaises actions ! » Elle crachait sur Mère Nature et lui lançait les insultes qui Lui venaient à l'esprit. Cela devint une forme de folie.

« Quand on plaçait de la nourriture devant Elle, Elle crachait dessus. C'était une situation très difficile. Elle était en colère contre tout. Elle avait envie de jeter de la boue à toute personne qui L'approchait. Quand Elle voyait un être qui souffrait, Elle pensait que c'était dû à son égoïsme et qu'il récoltait les fruits de son *karma*. Mais Son attitude changea bientôt. Elle pensait : « Les gens commettent des fautes par ignorance ; si nous leur pardonnons et les aimons, ils arrêteront. Si nous nous mettons en colère contre eux, ils recommenceront, n'est-ce pas ?» Son cœur se remplit alors de compassion. Sa colère disparut totalement. »

Amma demeura un moment plongée en méditation. Chacun imaginait les scènes qu'Elle venait d'évoquer. Mère nature, qui avait été témoin de ces incomparables moments, était elle aussi calme et silencieuse.

Amma dit d'une voix grave : « Mes enfants, votre cœur devrait sans cesse pleurer pour Dieu et se languir de Lui. Pas un seul instant, vous ne devriez L'oublier. Seuls ceux qui ont cette attitude seront sauvés. »

Les conseils d'Amma sur le détachement et la soif de libération émurent les cœurs. Tous demeuraient silencieux, oublieux du monde extérieur.

Chapitre Quatre

4

Vendredi 20 septembre 1985

Brahmacharis et chefs de famille

Quelques dévots attendaient Amma devant la salle de méditation. Après avoir donné des instructions aux *brahmacharis* sur la manière de méditer, Amma sortit et salua les visiteurs : « D'où venez-vous, Mes enfants ? »

Dévot : « De Kollam, Amma. »

Amma : « Es-tu déjà venu, Mon fils ? »

Dévot : « J'ai essayé deux ou trois fois, mais il y a eu chaque fois un imprévu et je n'ai pas pu venir. Après tout, n'est-il pas vrai que pour obtenir le *darshan* d'un *Mahatma*, il ne suffit pas de le décider ? Je vais souvent à Kanyakoumari pour mes affaires, mais je n'ai pas encore pu rencontrer Mayiamma. Je ne sais pas pourquoi. Je vais souvent dans les ashrams. L'an dernier, toute la famille est allée à Rishikesh. »

Amma : « Tu trouves le temps de le faire malgré toutes tes obligations professionnelles ; c'est en soi une bénédiction divine. »

Dévot : « C'est mon seul soutien. Comment pourrais-je sans cela dormir en paix, avec toutes mes activités professionnelles ? Mes contacts avec les ashrams et les *sannyasis* m'aident à faire face aux problèmes que je rencontre dans la vie et m'apportent la paix. Sinon, il y a longtemps que j'aurais sombré dans l'alcoolisme. »

Amma : « Ô Shiva ! Shiva ! »

Dévot : « Amma, bien que j'aie visité de nombreux ashrams, je n'ai jamais trouvé une atmosphère aussi chargée d'essence divine qu'ici. Et je n'ai jamais vu non plus autant de jeunes résidents dans un ashram. »

Amma : « Les enfants qui sont ici ont rencontré Amma alors qu'ils faisaient leurs études ou étaient employés. Abandonnant tout, ils vinrent vivre auprès d'Elle, alors que pour la plupart, ils ignoraient tout de la spiritualité et de la méditation. Après leur rencontre avec Amma, ils semblaient tous atteints de folie. Ils ne pouvaient plus se consacrer à leur travail ou à leurs études. Ils oubliaient de manger ou de laver leur linge. Ils ne se souciaient plus de rien et ne quittaient pas Amma d'un pouce. Elle a essayé de les renvoyer, mais aucun n'est parti. Alors Elle a dû S'avouer vaincue et les garder tous. Bien qu'Amma soit tout pour eux, ils ont besoin de suivre une *sadhana*. Aujourd'hui, grâce à leur amour pour Elle, ils ne s'intéressent pas au monde extérieur, mais ils ne pourront garder cet état d'esprit sans *sadhana*.

« Puisqu'ils ont pris refuge en Elle, n'est-ce pas le devoir d'Amma de prendre soin d'eux dans tous les domaines ? Au début, Elle avait le temps de S'occuper d'eux, mais maintenant, à cause du nombre croissant de dévots, Elle ne peut leur accorder assez d'attention. C'est pourquoi, dès qu'Elle a le temps, Elle S'assied et médite avec eux, comme Elle vient de le faire. En outre, quand ils ont un problème, Elle leur a dit de Lui en parler aussitôt. Ils n'ont pas besoin d'attendre un moment où Elle est libre. Après tout Elle est leur unique mère, père et *guru.* »

Dévot : « Amma, je regrette d'être un chef de famille. Puis-je parvenir à la réalisation du Soi ? »

Amma : « Mon fils, aux yeux de Dieu, il n'y a ni chefs de famille ni *brahmacharis*. Il ne regarde que ton mental. Tu peux mener une vie authentiquement spirituelle en restant un chef de famille. Tu pourras goûter la béatitude du Soi, mais ton mental doit être fixé sur Dieu à chaque instant. Tu parviendras alors aisément à la béatitude. Une mère oiseau qui cherche à manger ne songe qu'à ses petits restés au nid. Gardez donc ainsi votre mental fixé sur Dieu tout en agissant dans le monde. L'essentiel est d'être entièrement dévoué à Dieu ou au *guru.* Une fois que vous avez ce dévouement, le but est proche.

« Un *guru* accompagné de ses disciples vint un jour enseigner dans un village. Un homme d'affaires venait tous les jours avec sa famille pour entendre ses discours. Quand les *satsangs* prirent fin, il était devenu dévot du *guru.* Ils décidèrent d'aller tous vivre auprès de lui.

« Quand le Maître arriva à son ashram, il vit l'homme d'affaires et sa famille qui l'attendaient. Ils lui firent part de leur décision. Le Maître leur expliqua les difficultés de la vie monastique, mais comme cela ne les faisait pas reculer, il finit par accepter. L'homme d'affaires et sa famille devinrent ainsi des résidents de l'ashram.

« Ils participaient au travail communautaire comme les

autres. Cependant, les autres disciples n'appréciaient pas la présence d'une famille à l'ashram. Ils se mirent à se plaindre de l'homme d'affaires et de sa famille. Le *guru* décida de montrer aux disciples l'ampleur du dévouement de cet homme. Il le fit appeler et dit : « Tu as laissé ta maison et ta fortune, si bien que tu ne possèdes maintenant plus rien. Mais malheureusement, les ressources de l'ashram sont insuffisantes. Nous nous débrouillons parce que les *brahmacharis* travaillent dur. Si tu étais célibataire, ce serait facile. Mais il est difficile de prendre aussi en charge les dépenses de ta femme et de tes enfants. À partir de demain, va gagner au-dehors de quoi les entretenir. » Le dévot accepta. Le lendemain, il trouva du travail et chaque soir, il apportait son salaire au *guru*. Au bout de quelques jours, les disciples se plaignirent de nouveau. Le Maître fit donc encore appeler le père de famille : « L'argent que tu apportes suffit à payer tes dépenses, mais pas celles de ta femme et de tes enfants. Comme c'est l'ashram qui a subvenu jusqu'ici à vos besoins, tu dois travailler deux fois plus et rembourser ta dette. Ensuite seulement, toi et ta famille serez autorisés à manger ici. »

« Le dévot appela sa femme et ses enfants et leur expliqua : « Jusqu'à ce que nous ayons payé la dette, nous ne devons plus rien manger ici. Ce serait un fardeau pour notre Maître, et donc un péché. Je vous apporterai de la nourriture le soir. Patientez jusque-là. » Ils acceptèrent. Dès le lendemain, il travailla de l'aube jusque tard dans la nuit et donna tout ce qu'il gagnait au *guru*, partageant avec sa femme et ses enfants la nourriture qu'il trouvait sur son lieu de travail. Parfois il n'y avait rien, et la famille jeûnait.

« Les autres disciples s'étonnèrent de voir que, en dépit de ces difficultés, le dévot et sa famille restaient à l'ashram. Ils allèrent de nouveau se plaindre : « L'homme d'affaires ne rentre maintenant que tard dans la nuit. Il gagne de l'argent à l'extérieur pendant que sa femme et ses enfants restent confortablement à l'ashram. Comme c'est facile ! »

« Cette nuit là, le *guru* attendit le dévot. Quand il arriva et se prosterna à ses pieds, le Maître lui dit : « Tu es un filou ! Ne te prosterne pas devant moi. Tu laisses ta famille ici pendant que tu accumules une fortune personnelle en travaillant à l'extérieur, déclarant que tu donnes tous tes gains à l'ashram. » Le dévot ne répondit rien. Il écouta le *guru* les mains jointes puis alla dans sa chambre sans mot dire.

« Cette même nuit, le Maître appela les disciples et leur dit : « Il y aura demain une fête à l'ashram et nous n'avons pas de bois. Il faut que quelqu'un aille immédiatement chercher du bois dans la forêt. Il nous le faut avant le lever du soleil. » Puis il alla se coucher. Qui accepterait d'aller dans les bois au milieu de la nuit ? Les disciples réveillèrent le dévot. Ils lui transmirent l'ordre du *guru* : il fallait immédiatement du bois pour la fête du lendemain. Le dévot partit joyeusement pour la forêt, pendant que les autres allaient se coucher.

« Le lendemain à l'aube, le Maître, ne le voyant pas, appela les disciples et demanda où il était. Ils répondirent qu'il était allé chercher du bois. Le Maître et les disciples partirent tous à sa recherche. Ils battirent toute la forêt, mais en vain. Enfin, ils entendirent une voix qui répondait à leurs appels. Dans l'obscurité, le dévot avait glissé et était tombé dans le puits alors qu'il rapportait du bois. Bien qu'il ne fût pas très profond, il était difficile d'en sortir sans aide. En outre, comme il n'avait rien mangé depuis plusieurs jours, le pauvre homme n'avait pas la force de s'en extraire avec sa charge.

« Le Maître demanda aux disciples de le sortir du puits. Il y faisait très sombre. Ils tendirent la main et touchèrent du bois. Ils demandèrent au dévot de leur donner la main, mais il répondit : « Si je lâche, le bois tombera à l'eau. Je vous le tends pour qu'il ne soit pas mouillé. Donnez-le à notre *guru* dès que possible. C'est pour la fête de ce matin. Vous pourrez ensuite me sortir de là. »

« Devant un tel dévouement, les yeux du Maître se remplirent de larmes ; il demanda aux autres de le tirer immédiatement du puits, mais il n'accepta que lorsque quelqu'un eût pris le bois. Le Maître serra le disciple sur son cœur ; celui-ci tremblait de froid après être resté si longtemps dans le puits. Son amour désintéressé et son abandon le touchèrent au point qu'il le bénit aussitôt, lui accordant la réalisation.

« Mes enfants, le fait d'être *grihasthashrami* n'empêche pas d'atteindre la réalisation. Que l'on soit *brahmachari* ou chef de famille, ce qui compte, c'est notre foi et l'abandon de nous-mêmes au *guru*. »

Quelques moments avec les *brahmacharis*

Le *brahmachari* Ramakrishna apportait de l'eau pour Amma. On pouvait voir au mouvement de ses lèvres qu'il répétait constamment son *mantra*.

Amma insiste pour que la personne qui cuisine pour Elle et Lui sert Sa nourriture se concentre ainsi sur son *mantra*.

Un jour que Gayatri Lui apportait du thé, Amma lui rendit la tasse en disant : « En préparant le thé, tu n'étais pas concentrée sur ce que tu faisais ni sur ton *mantra*. Tu pensais à l'Australie. Tu peux le boire toi-même. »

Gayatri retourna sans mot dire à la cuisine, se rappelant qu'en préparant le thé elle avait parlé à une *brahmacharini* de sa jeunesse en Australie. Elle refit du thé, cette fois avec *shraddha* et en répétant son *mantra* sans interruption. En le buvant, Amma dit : « Ton cœur y est. Plus que le goût du thé, c'est cela qui m'incite à le boire. »

Ramakrishna se prosterna devant Amma et s'assit près d'Elle. La veille, tandis qu'il traversait la lagune, un des passagers du bateau avait dit du mal de l'Ashram. Ramakrishna avait entendu et n'avait pu le supporter. Il avait fortement réagi. Quand il fit part de cet incident à Amma, Elle lui dit :

« Mon fils, tu es heureux quand tout le monde chante les louanges d'Amma et vous montre de l'amour. Tu es content quand les gens hochent la tête pour approuver ce que tu dis. Tu bois cela comme du petit lait. Des milliers de gens viennent, il se peut que deux ou trois d'entre eux médisent de nous. C'est le moment de nous examiner. Voyons de quelle patience nous sommes capables dans cette situation. Il ne s'agit pas de nous fâcher contre eux. Si nous nous mettons en colère et leur demandons de ne pas revenir, quel profit retireront-ils de notre vie ?

« Chacun de nos actes devrait bénéficier au monde. C'est la réussite des plus mauvais élèves, normalement incapables d'apprendre quoi que ce soit, qui prouve l'habileté de l'enseignant. Notre vie aura été bénéfique si nous parvenons à cultiver et à moissonner sur une terre en friche, couverte de mauvaises herbes et de détritus.

« Les gens que tu as rencontrés hier voyagent à la surface de l'océan. Ils ne veulent que du poisson. Nous ne pouvons imiter leur comportement, car nous cherchons des perles. Si nous plongeons profondément et cherchons avec soin, nous en trouverons peut-être une.

« Ils ont parlé par ignorance, mais si nous réagissons avec colère, qui est le plus ignorant ? Si nous faisons du tapage, comme eux, quelle opinion les autres auront-ils de nous ? Nous devons être attentifs à garder notre calme quand les gens s'opposent à nous ou disent du mal de nous. C'est une *sadhana*. C'est l'occasion de mesurer notre patience. Nous devrions accueillir de telles situations avec équanimité. »

Un *brahmachari* mentionna le cas de trois personnes, résidant dans un ashram du nord de l'Inde, qui étaient venues récemment à l'Ashram et voulaient y vivre.

Amma : « Un visiteur leur avait laissé un exemplaire de la biographie d'Amma. Quand ils l'ont lue, ils ont voulu venir auprès d'Amma. Inventant un prétexte pour quitter leur ashram, ils ont fait le voyage jusqu'ici. Amma a dû insister pour les renvoyer. Nous ne pouvons garder ceux qui viennent d'autres ashrams sans l'accord des autorités dont ils dépendent. »

Un groupe de dévots s'était entre-temps réuni autour d'Amma ; Elle les emmena dans la hutte pour le *darshan*.

La Mère qui nourrit Ses enfants

Amma souligne souvent l'importance des vœux et des règles dans la vie d'un chercheur spirituel. Les vœux sont un moyen de conquérir le mental ; Elle est toutefois opposée à ce que l'on devienne esclave d'un vœu ou d'une règle. Elle accorde une importance particulière au jeûne et au vœu de silence. Elle avait demandé aux résidents de l'ashram de jeûner et, si possible, d'observer le silence tous les samedis. Cette pratique était suivie régulièrement. Certains gardaient le silence toute la journée et ne parlaient qu'à Amma, d'autres faisaient silence jusqu'à six heures du soir. Tout le monde devait rester dans la salle de méditation jusqu'au crépuscule. Personne n'était censé en sortir. Un samedi, Amma fit rentrer tout le monde dans la salle de méditation à sept heures du matin, puis Elle ferma la porte du dehors. Elle avait auparavant déclaré qu'Elle voulait que la journée soit entièrement consacrée au *japa* et à la méditation. Ils s'assirent et se plongèrent bientôt en méditation. Ils ouvrirent les yeux à neuf heures en entendant la voix d'Amma.

« Mes enfants... »

Il y avait devant chacun un verre de café sucré, un peu d'*aval* (flocons de riz) et deux bananes. Amma Se tenait devant eux, souriante.

« Mes enfants, reprenez votre méditation après avoir mangé cela. »

Elle ferma la porte et sortit. Ils mangèrent tous le *prasad* d'Amma avec beaucoup de dévotion, et reprirent ensuite leur *japa* et leur méditation.

Une cloche sonna. Les *brahmacharis* se regardèrent, étonnés, car c'était la cloche du déjeuner. Il était midi et demie. Le moine qui préparait d'ordinaire le déjeuner était dans la salle de méditation, la question était donc : « Qui a préparé à déjeuner aujourd'hui ? Quelle est cette nouvelle *lila* (jeu divin) d'Amma ? » Pendant que tout le monde s'interrogeait, un dévot vint les informer qu'Amma les appelait pour déjeuner. Elle les attendait dans le réfectoire. Elle avait placé leurs assiettes à la place habituelle, avait servi le riz et les légumes et placé un verre d'eau à côté de chaque assiette. Il ne leur restait plus qu'à manger. Il y avait un plat de légumes supplémentaire, cadeau spécial d'Amma ! Elle les servit Elle-même pendant qu'ils mangeaient.

Elle raconta aux dévots présents : « Quand Amma est sortie après avoir enfermé Ses enfants dans la salle de méditation, Elle S'est mise à songer combien Elle était cruelle de les faire ainsi jeûner. À la cuisine, voyant qu'il n'y avait pas de nourriture, Elle a donc préparé un peu de café et d'*aval*, et Elle a trouvé des bananes. Elle a disposé cela devant eux, en pensant que s'ils sortaient, leur mental serait distrait. Elle voulait aussi leur montrer que si nous prenons entièrement refuge en Dieu, Il déposera devant nous tout ce dont nous avons besoin.

« Puis Elle est retournée à la cuisine pour cuire le riz et les légumes. Comme Elle leur avait dit que personne ne devait sortir, ils sont tous restés dans la salle de méditation. Il y a longtemps qu'Amma n'avait rien cuisiné pour Ses enfants. Elle a enfin pu le faire aujourd'hui. Amma est prête à jeûner indéfiniment, mais Elle n'a pas la force de voir Ses enfants privés de nourriture. Le nombre des dévots augmentant, Elle a moins de temps qu'avant pour S'occuper des résidents. Elle sait que Dieu prend soin qu'ils ne manquent de rien. »

Un *brahmachari* s'était arrêté sur le chemin de la salle de méditation. Il entendit des pas derrière lui et se retourna. Amma S'avançait vers lui, un sourire aux lèvres. Le *brahmachari* Rao L'accompagnait.

« À quoi songeais-tu ? » Lui demanda-t-Elle.

« Je me rappelais la manière dont Tu nous as fait jeûner, un samedi, il y a quelques semaines. »

Amma : « Pourquoi cela te revient-il en mémoire aujourd'hui ? »

Bri : « C'est aujourd'hui samedi, n'est-ce pas ? »

Amma : « Ne perds pas ton temps à rester planté là. C'est l'heure de la méditation. »

Elle entra avec eux dans la salle de méditation.

Amma dit aux *brahmacharis* qui L'attendaient : « Mes enfants, n'essayez pas de calmer le mental de force quand vous vous asseyez pour méditer. Si vous faites cela, les pensées reviendront dix fois plus puissantes. C'est comme si vous appuyiez sur un ressort. Efforcez-vous de trouver la source des pensées et de les contrôler à partir de cette connaissance. Ne soumettez le mental à aucune tension. Si une partie de votre corps est crispée ou vous fait mal, votre mental s'y attardera. Détendez le corps entier et observez vos pensées avec une vigilance absolue. Alors le mental s'apaisera de lui-même.

« Ne suivez pas les pensées. Si vous les suivez, seul votre corps sera présent ; votre mental sera ailleurs. Avez-vous déjà vu des voitures passer sur une route poussiéreuse ? Elles soulèvent d'immenses nuages de poussière, qui les enveloppent complètement. Si vous en suivez une, vous serez submergé de poussière. Même en restant sur le bas-côté, vous en serez couvert. Donc, en voyant arriver une voiture, vous vous tenez à distance. C'est ainsi que vous devriez regarder vos pensées : avec du recul. Si nous nous en approchons, elles nous emportent avec elles sans que nous nous en apercevions. Mais si nous regardons de loin, nous voyons la poussière retomber et la paix revenir. »

Amma et Ottour

Ottour Ounni Namboudiripad, grand dévot de Krishna et célèbre poète, était venu vivre à l'Ashram. Il avait quatre-vingt-deux ans et sa santé était très mauvaise. Son seul désir était de mourir dans les bras d'Amma. On lui donna une chambre construite au-dessus de la cellule de méditation, juste derrière le *kalari*.

Il était neuf heures du soir quand Amma se rendit dans la chambre d'Ottour. Quelques *brahmacharis* s'y trouvaient. Amma eut beau essayer de l'en empêcher, Ottour s'agenouilla au prix de grandes difficultés et se prosterna devant Elle. Elle l'aida à se relever et le fit asseoir sur le lit. Elle S'assit près de lui, car si Elle restait debout, il refusait de s'asseoir.

Ottour : « Amma, je T'en prie, dis quelque chose ! Laisse-moi entendre Tes paroles ! »

Amma : « Mais tu sais tout, Mon fils. »

Ottour : « Ce fils ne cause-t-il pas beaucoup d'ennuis aux

brahmacharis ? »

Un *brahmachari* : « Non, pas du tout ! C'est une grande chance pour nous d'avoir l'occasion de te servir. Où donc trouverions-nous de si bons *satsangs* ? »

Amma : « Dans vos prières, vous devriez en effet demander avant tout d'avoir la chance de servir les dévots du Seigneur. C'est la seule façon pour nous de parvenir à Lui. »

Seva et sadhana

Bri : « Mais, Amma, n'est-il pas vrai que le service, si grand qu'il soit, n'est que du *karma yoga* ? Shankaracharya a déclaré que même si le *karma yoga* purifie le mental, on ne parvient à la réalisation du Soi que grâce à *jnana*. »

Amma : « Le Soi ne se trouve pas seulement à l'intérieur de vous, il est immanent à chaque objet de l'univers. Nous ne parviendrons à réaliser le Soi que si nous voyons l'unité de toute chose. Nous n'entrerons pas dans le monde de Dieu sans la signature de la plus petite fourmi sur nos papiers. En plus du souvenir de Dieu, la première condition est d'aimer tout et tous, l'animé et l'inanimé. Si notre cœur est assez vaste pour cela, la libération n'est pas loin.

« Nous allons au temple, faisons trois fois le tour du sanctuaire et nous nous prosternons devant la divinité ; mais en sortant, nous regardons de travers le mendiant qui se tient à la porte ! Tel est notre état d'esprit actuel. Nous mériterons la réalisation quand nous serons capables de voir même dans ce mendiant Celui devant lequel nous venons de nous prosterner. Travaillant dans le monde, nous devrions servir les gens en voyant Dieu en eux. Nous apprendrons ainsi l'humilité et le respect. Cela ne compte pas si nous agissons avec le sentiment : « Je sers le monde ! » Ce que nous faisons avec cette attitude n'a rien à voir avec le *seva*. Le vrai service implique que vos paroles, votre sourire et vos actes sont empreints d'amour et de l'attitude : « Je ne suis rien. »

« Les gens n'ont pas conscience de leur véritable essence. Regardez les petits oiseaux qui vivent près de la mare. Ils ignorent qu'ils ont des ailes. Ils n'ont pas envie de s'envoler et de profiter du nectar des fleurs écloses sur les arbres qui entourent l'eau. Ils se contentent de vivre dans la vase de la mare. S'ils s'envolaient dans les airs et goûtaient ce nectar, ils ne redescendraient plus dans la boue. Les gens vivent ainsi, ignorant la béatitude que procure le pur amour de Dieu. Notre but est de leur en faire prendre conscience et de les guider vers leur véritable nature. C'est notre devoir envers l'Ashram. »

Bri : « Comment pouvons-nous servir de manière désintéressée sans connaître la vérité du Soi ? »

Amma : « Mes enfants, servir est aussi une forme de *sadhana*. Si vous proclamez que vous êtes parvenus à la perfection après une *sadhana* accomplie dans un ermitage, Amma ne l'acceptera pas. Aller dans le monde et servir fait obligatoirement partie de la *sadhana*. Si nous voulons nous débarrasser des ennemis tapis au fond de notre cœur, il nous faut servir le monde. Nous connaîtrons alors l'efficacité de notre méditation. Si quelqu'un se fâche contre nous, nous verrons si nous avons encore de la colère en nous.

« Retiré au fond de la forêt, le chacal songe : « Maintenant, je suis fort. Je ne hurlerai pas la prochaine fois que je verrai un chien. » Mais dès qu'il en voit un, oubliant tout, il recommence. Lorsque nous nous mêlons aux autres, il s'agit de ne pas nous laisser gagner par la colère quand ils en sont la proie. Nous mesurons alors nos progrès.

« De bonnes notes aux examens scolaires ne suffisent pas toujours à obtenir un emploi. Pour cela, vos réponses au test proposé aux milliers de postulants doivent être parmi les meilleures. Ainsi, parvenus à un certain niveau grâce à la méditation, vous devriez servir la société. Quand vous avez la force de supporter moqueries et insultes quelles qu'elles soient, Amma considère que vous avez atteint la plénitude, mais pas avant.

« Même un chauffeur inexpérimenté peut conduire une voiture dans une prairie déserte. Il prouvera son habileté au volant en conduisant sans heurts lorsque la circulation est dense. Il n'est pas possible d'affirmer que quelqu'un est courageux parce qu'il est assis dans la solitude et se livre à des pratiques spirituelles. La personne vraiment courageuse est celle qui, tout en accomplissant des tâches variées, avance sans se laisser émouvoir par l'adversité. Celle-là mérite le nom de sage. Aucune circonstance ne peut ébranler son équanimité.

« Le service devrait être considéré comme une *sadhana* et une offrande au Seigneur. Alors, si quelqu'un s'oppose à nous, nous éprouverons peut-être une légère hostilité, mais nous pourrons nous en libérer grâce à la contemplation : « Qui, en lui, était l'objet de ma colère ? N'est-ce pas parce que je me suis identifié au corps que je me suis fâché ? Qu'ai-je donc appris des Écritures ? Vers quel monde (spirituel ou matériel) suis-je en route ? Comment puis-je éprouver de la rancune envers cette personne en déclarant que je ne suis pas le corps ni le mental, mais l'âme ? » Nous devrions chaque fois nous livrer à cet examen de conscience. Nous finirons par ne plus ressentir de colère envers quiconque. Nous éprouverons des remords et cela nous remettra sur le droit chemin. »

Bri : « Ne pas réagir quand d'autres se montrent hostiles, n'est-ce pas leur donner l'occasion de mal faire et d'employer un langage grossier ? Est-il juste de rester coi, en imaginant que nous sommes l'*atman* ? Ne prendront-ils pas notre patience pour de la faiblesse ? »

L'*Advaïta* au quotidien

Amma : « Nous devrions voir Brahman en toute chose ; mais nous devons aussi d'utiliser notre discernement pour agir de manière adéquate selon la situation. Imaginons que nous marchions au bord de la route et qu'un chien vienne vers nous en courant, suivi d'une foule qui crie : « Ce chien est fou ! » Le chien enragé n'a pas de discernement et si nous nous trouvons sur son chemin, il nous mordra. Il s'agit donc de nous écarter ou peut-être même de nous munir d'un bâton. Amma ne nous conseille pas de fermer les yeux devant cette menace. Nous ne devons cependant pas frapper le chien sans nécessité, car il ne distingue pas le bien du mal. En nous éloignant, nous lui enlevons l'occasion de nous mordre.

« Bref, ne considérons pas uniquement le chien comme étant Brahman, mais aussi les gens qui nous préviennent. Chacun reçoit son dû. Si nous ignorons les avertissements et refusons de bouger, nous serons certainement mordus. Inutile de le regretter plus tard.

« Mes enfants, il s'agit d'utiliser notre discernement, quelle que soit la situation. Un chercheur spirituel ne devrait jamais être faible. Songez à un petit garçon, par exemple notre Shivan (le neveu d'Amma). Il fait bien des bêtises et nous lui donnons parfois la fessée, mais nous n'éprouvons envers lui aucune animosité. Nous ne le faisons pas par esprit de rancune. C'est un petit garçon, et nous savons qu'il commet des erreurs par ignorance.

« Néanmoins, si nous le punissons aujourd'hui, il fera plus attention demain ; nous faisons donc semblant d'être en colère. Telle devrait être notre attitude. Il s'agit de tenir la bride à ceux qui agissent sans discernement, sans perdre notre équanimité. Tout en manifestant extérieurement notre déplaisir, aimons-les et souhaitons qu'ils se corrigent. Cette attitude nous permettra de progresser.

« Un *sadhak* doit avoir l'allure d'un lion et le cœur d'une fleur. Son cœur devrait ressembler à une fleur épanouie qui jamais ne se fane. Mais extérieurement, il doit posséder le courage et la force d'un lion. Il aura alors la capacité de guider le monde. Mais pendant sa période de *sadhana*, il doit avoir l'attitude du plus humble des serviteurs, celle d'un mendiant. Quêtant sa nourriture, il partira sans se fâcher s'il ne reçoit que des insultes. C'est ainsi qu'il progressera. Mes enfants, seul un être courageux est capable de patience. Cette attitude de mendiant pendant la *sadhana* développera sa vaillance. La graine du courage ne germera que dans l'humus de la patience. »

Le vieux Ounnikannan (bébé Krishna, comme Amma appelait Ottour) était assis sur son lit, penché en avant, le visage rayonnant de joie en écoutant les paroles d'Amma, douces comme l'ambroisie. Quand il vit qu'Elle Se levait pour partir, il se prosterna de là où il était et Lui offrit un paquet contenant du sucre. Ce sucre avait été offert au Seigneur dans le temple de Gourouvayour. (Ottour avait été proche de ce temple toute sa vie, et il gardait toujours près de lui un peu de *prasad* provenant de ce lieu.) Il fut le premier qu'Amma servit. Elle plaça soigneusement un peu de sucre béni sur sa langue.

Une leçon de cuisine

Mardi 24 septembre 1985

Il était plus de cinq heures du soir. Une *brahmacharini* coupait des légumes pour le dîner. Elle devait en outre se lever toutes les cinq minutes pour entretenir le feu. Amma entra dans la cuisine et dit en voyant cela : « Ma fille, va t'occuper du feu ; Amma se charge du reste. » Et Elle Se mit à couper les légumes. Plusieurs personnes vinrent se joindre à Elle.

Amma : « Mes enfants, cette fille était toute seule ici et devait se débrouiller pour couper les légumes tout en prenant soin du feu. Personne n'est venu l'aider. Mais dès qu'Amma est arrivée, vous êtes tous accourus. Mes enfants, la *sadhana* ne consiste pas à rester assis tranquillement à ne rien faire. Quand les autres sont en difficulté, vous devriez éprouver de la compassion, l'envie d'aider. Le but de la *sadhana* est de développer un mental rempli de compassion. Une fois que vous avez cela, vous avez tout. Si Amma est présente, tout le monde arrive en courant. Ce n'est pas de la vraie dévotion. La personne qui est capable d'aimer tout le monde de manière égale est celle qui aime Amma. »

Un *brahmachari* : « Amma, l'autre jour je suis venu à la cuisine pour aider, mais je me suis fait réprimander. »

Amma : « Tu as sans doute fait une bêtise. »

Brahmachari : « Il semble que j'aie coupé de trop gros morceaux. »

Amma et les autres se mirent à rire. Amma appela la *brahmacharini*.

Amma (riant encore) : « As-tu disputé ce fils l'autre jour, bien qu'il soit venu aider ? »

Brahmacharini : « Il est venu, c'est vrai, mais le seul résultat, c'est que j'ai eu double travail. Je lui ai dit de faire de petits morceaux ; il en a fait de gros et j'ai dû tout recouper. Cela m'a pris deux fois plus de temps. Je lui ai dit que si c'était pour travailler comme ça, il était inutile qu'il revienne. »

Amma : « Mais il n'a pas l'habitude de ce travail. C'est pour cela qu'il a commis cette bévue. Tu aurais dû lui montrer comment faire. Il ne sait pas couper les légumes, car il ne travaillait pas chez lui. »

Amma expliqua comment couper les légumes. Quand la leçon fut terminée, le travail était fini. Une *brahmacharini* apporta un peu d'eau, Amma se lava les mains et partit.

Amma bénit une vache

Amma Se dirigeait vers l'étable. Ceux qui La suivaient assistèrent à un spectacle étonnant. Elle S'agenouilla près d'une vache et Se mit à boire directement au pis ! L'animal laissait généreusement affluer son lait, qui ruisselait sur le visage d'Amma quand Elle changeait de pis. Les yeux de la vache, assez heureuse pour nourrir la Mère du monde, semblaient dire : « J'ai accompli toutes mes austérités dans ce but. Maintenant ma vie est comblée. »

Amma Se releva, S'essuyant le visage avec le bout de son sari. Voyant Ses enfants autour d'Elle, Elle dit : « Il y a longtemps qu'elle avait le désir de nourrir Amma. »

Amma exauce même les désirs muets d'une vache. Quelle âme bénie était cette vache !

Amma reprit : « Il y a longtemps, quand la famille et les voisins d'Amma s'opposaient à Elle, les oiseaux et les animaux vinrent à Son aide. Par Sa propre expérience, Amma peut affirmer que si vous vous abandonnez complètement à Dieu, Il S'assurera que vous ne manquez de rien. Quand il n'y avait personne pour La nourrir, un chien apportait un paquet de riz, le tenant dans sa gueule.

« Parfois Amma ne mangeait rien pendant plusieurs jours. Après avoir médité, Elle restait allongée quelque part sur le sable, inconsciente. Ouvrant les yeux, Elle voyait une des vaches, les mamelles pleines, prête à La laisser boire. Dès qu'Amma était fatiguée, l'animal venait Lui offrir du lait. »

Les dévots, qui regrettaient de ne pas avoir assisté à cette *lila*, eurent au moins la chance de voir la vache nourrir Amma ce jour-là.

L'adoration des divinités et du *guru*

Comme Amma retournait vers l'Ashram, un *brahmachari* demanda : « Amma, les divinités existent-elles vraiment ? »

Amma : « Elles existent sur le plan subtil. Chacune d'elles représente une caractéristique latente en nous. Mais vous devriez considérer votre divinité d'élection comme non-distincte du Soi. Dieu peut prendre la forme qu'Il souhaite ; pour répondre aux désirs des dévots, Il assume des formes nombreuses et variées. Les marées de l'océan dépendent bien de l'attraction exercée par la Lune. »

Bri : « Amma, au lieu d'adorer des divinités que nous n'avons jamais vues, ne vaut-il pas mieux prendre refuge dans les *Mahatmas* qui vivent au milieu de nous ? »

Amma : « Si. Un vrai *tapasvi* a le pouvoir d'assumer le fardeau de notre *prarabda*. Si nous prenons refuge dans un *Mahatma* avec dévotion, notre *prarabda* sera bientôt épuisé. Pour obtenir le bénéfice de l'adoration d'une divinité ou de la dévotion pratiquée dans un temple, il faut plus d'efforts.

« Si nous adorons notre divinité d'élection en la concevant comme le Soi suprême, nous pouvons atteindre la réalisation. Une forme est comme une échelle. Comme les ombres disparaissent en plein midi, les formes finiront par se fondre dans le sans-forme. Mais si nous prenons refuge dans un sat*guru*, notre chemin sera plus facile. Nous avons besoin de l'aide d'un *guru* pour surmonter les obstacles dans la *sadhana* et pour qu'il nous montre le chemin. Un Maître peut nous aider en dissipant nos doutes dans les moments de crise. Le voyage sera ensuite plus facile. Un enfant peut faire tout ce qu'il veut si sa mère lui tient la main. Il ne tombera pas, même si ses deux pieds ne touchent pas terre. L'enfant ne doit pas tenter de se libérer de l'emprise de sa mère. S'il refuse de se laisser guider, il tombera. Le Maître vient toujours à l'aide du disciple. »

Un dévot : « Méditer sur un *Mahatma*, est-ce équivalent à la méditation sur le Soi ? »

Amma : « Si nous considérons un *Mahatma* avec le regard adéquat, nous pouvons atteindre Brahman. En réalité, le *Mahatma* est sans-forme. Si nous sculptons un melon en chocolat, il aura le goût du chocolat. Les *Mahatmas*, qui sont parvenus à une connaissance parfaite du Soi, sont comme Brahman ayant assumé une forme. Toutes les formes et les humeurs qu'ils manifestent sont empreintes de douceur. »

Bri : « Certains méditent sur Amma, d'autres sur Kali. Y a-t-il une différence entre les deux ? »

Amma : « Si on considère l'essence réelle, quelle est la différence ? Quelle que soit la forme sur laquelle vous méditez, l'important est votre *sankalpa*, les qualités que vous attribuez à cet aspect du Divin. Vous obtiendrez le résultat correspondant. Certaines personnes méditent sur une divinité pour obtenir des *siddhis* ; elles font cela en vue de résultats précis. Leur conception de la divinité est très limitée. Il s'agit de voir le principe qui est derrière la divinité. Nous pourrons alors dépasser la forme, les limites. Nous devons comprendre que tout est le Soi omniprésent, et considérer la divinité que nous adorons comme le Soi unique. La différence tient à notre *sankalpa*. Les gens rendent parfois un culte à une divinité à l'occasion de certains vœux ou rituels. Cela implique seulement le concept d'une divinité, non celui de Dieu.

« Toutes les formes sont limitées. Aucun arbre ne touche les cieux, aucune racine les enfers. Nous nous efforçons d'atteindre le Soi suprême. Quand nous montons dans le bus, nous n'avons pas l'intention d'y passer notre vie, n'est-ce pas ? Notre but est de rentrer chez nous. Le bus nous dépose au portail, et c'est à nous de marcher ensuite jusqu'à la maison. Les divinités nous amènent au seuil du suprême *sat-chit-ananda* (être-conscience-béatitude)È; de là, il n'y a pas loin jusqu'à l'état de la réalisation. Même ceux qui ont transcendé toutes les limitations n'abandonnent pas le support d'une forme. On dit que même les *jivanmuktas*, ceux qui sont parvenus à la libération dans cette vie, ont soif d'entendre le nom de Dieu. »

Les paroles d'Amma, dévoilant les nuances subtiles de la *sadhana*, éclairèrent d'une lumière neuve l'esprit des auditeurs. Tous se prosternèrent devant Elle, heureux, avant de reprendre leur tâche.

Dimanche 13 octobre 1985

> « Celui qui perçoit tout être comme contenu en lui et se voit en tout ce qui est, ignore la répulsion. »
>
> —*Isavasya Upanishad*

Amma S'apprêtait à vider et nettoyer la fosse sceptique des toilettes de la maison des invités, car le réservoir était plein. Elle rentrait juste d'un voyage d'une journée, au cours duquel Elle avait chanté des *bhajans* et donné le *darshan*. Dès Son retour à l'Ashram, Elle S'était mise à l'ouvrage. Non que Ses enfants fussent réticents à faire ce travail, car en réalité, ils

L'avaient priée de ne pas y participer, mais Elle avait insisté pour donner l'exemple. C'était en général ce qui se passait. Il était rare qu'Elle demandât à quelqu'un d'autre de s'en charger.

Amma : « Une mère ne répugne pas à nettoyer les excréments de son bébé, car elle a le sentiment que le bébé est « sien ». Quoi qu'il en soit, nous devrions éprouver cet amour envers tous, nous ne ressentirions alors ni répulsion ni dégoût. »

Le bonheur de travailler avec Amma est particulier ; cela vous enivre. Même à ce moment-là, chacun désirait de tout cœur participer à la tâche, bien que le travail fût rude. Personne ne se préoccupait de savoir s'il s'agissait de transporter du sable, du ciment ou des excréments.

Amma reprit : « Autrefois, il n'y avait pas de toilettes pour les dévots qui venaient au *darshan*. La première tâche des enfants les plus anciens d'Amma consistait donc à nettoyer tous les matins le terrain de l'Ashram. Il n'y avait pas de clôtures de séparation avec les terrains adjacents. La plupart du temps, nous finissions donc par nettoyer aussi la propriété des voisins. »

Un *brahmachari* maniait précautionneusement les seaux remplis du contenu de la fosse septique, attentif à ne pas les cogner et ne rien renverser. La vitesse avec laquelle on passait les seaux augmentant, sa vigilance diminua et un seau tomba par terre ; il fut tout éclaboussé d'excréments.

Amma : « Ne t'inquiète pas, fils. Après tout, nous portons tout cela en nous. Un bon lavage et il n'y paraîtra plus. La vraie saleté, c'est l'attitude : « C'est moi qui agis », quelle que soit notre activité, qu'il s'agisse de la *puja* ou de nettoyer l'égout. Cette attitude-là, il est difficile de nous en décrasser. Mes enfants, considérez tout travail comme une offrande à Dieu ; vous serez alors intérieurement purifiés. C'est pour cette raison qu'Amma vous fait faire ce labeur. Elle ne veut pas que Ses enfants chéris se contentent d'ordonner aux autres de faire ces travaux. Un *brahmachari* doit être capable de faire n'importe quelle tâche. »

Outre les *brahmacharis*, quelques dévots participaient également à la tâche. L'un d'eux, réveillé par le bruit et la lumière, sortit voir ce qui se passait. Quand il vit ce que faisait Amma, il ne put se contenter de regarder. Il ôta sa chemise, remonta son *dhoti* et entra dans la fosse sceptique.

Amma : « Non, fils, le travail est presque terminé. Inutile que tu te salisses, toi aussi, il faudrait ensuite que tu prennes une douche. »

Les lèvres du dévot tremblaient d'émotion : « Veux-Tu me donner ce seau et sortir de là, Amma ? »

Amma sourit, sensible à l'amour qui lui faisait prendre un ton un peu autoritaire.

Amma : « Mon fils, Amma n'éprouve aucune répulsion à nettoyer les excréments de Ses dévots. C'est un plaisir pour Elle. »

« Ne recherche pas ce plaisir maintenant, Amma. Veux-Tu me donner ce seau ? » répéta-t-il d'une voix tremblante, essayant de le Lui prendre des mains.

Nous voyons souvent des dévots prendre avec Amma des libertés que les résidents de l'Ashram n'osent pas se permettre. Mais Elle cède devant leur dévotion pure et immaculée.

À l'heure propice qui précède l'aube, le travail était terminé. Pour ceux qui observent la vie dans cet Ashram, l'affirmation suivante de la Gita demanderait à être modifiée « Pendant ce qui constitue la nuit pour les êtres ordinaires, le yogi reste éveillé. » Ici, la nuit est le jour, même pour ceux qui choisissent de vivre avec la Yogini.

Observez le principe qui est à la base des rituels

Samedi 19 octobre 1985

Amma descendit dans le *kalari* en fin d'après-midi, bien qu'il ne fût pas encore l'heure des *bhajans*. Elle était entourée des *brahmacharis* et de quelques dévots.

Le parent d'Ottour qui vivait à l'Ashram pour prendre soin du vieil homme, était malade. Quelques *brahmacharis* s'occupaient donc de lui. En matière de rituels, Ottour était d'ordinaire très exigeant et difficile à satisfaire. Quand on aborda le sujet, Amma dit :

« Amma ne connaît pas les *acharas* (usages traditionnels). Elle n'a pas été élevée dans les traditions. Mais Damayantiamma était très sévère. Elle ne nous autorisait pas à avoir de relations amicales. Cela nous fut cependant bénéfique : quand vous êtes seul, vous pouvez chanter les louanges de Dieu. Vous pouvez Lui parler. Si vous avez de la compagnie, vous perdez votre temps en vaines conversations. Une trace de poussière sur un des ustensiles de cuisine suffisait pour que Damayantiamma batte Amma ; s'il restait un minuscule fragment de détritus dans la cour après le balayage, elle La frappait avec le balai jusqu'à ce qu'il casse. (Riant) Peut-être est-ce à cause de cette éducation qu'Amma est si sévère avec Ses enfants. C'est une terreur maintenant, n'est-ce pas ?

« À l'époque, quand Elle avait fini de balayer la cour, Amma restait dans un coin, imaginant que le Seigneur marchait devant Elle. Elle Se représentait alors chacune de Ses empreintes dans le sable. Dans tout ce qu'Elle faisait, Elle ne pensait qu'à Dieu.

« Mes enfants, quoi que vous fassiez, vous devriez songer à Dieu. C'est le but des rituels. Ils vous aident à acquérir de bonnes habitudes et mettent de l'ordre dans votre vie. Il faut toutefois dépasser les rituels et de ne pas dépendre d'eux jusqu'au jour de notre mort. »

Un *brahmachari* : « N'est-il pas vrai que les rituels orientent le mental vers l'extérieur, et non vers Dieu ? »

Amma : « Un rituel, quel qu'il soit, a été créé pour servir de support et nous permettre de garder le souvenir constant de Dieu. Peu à peu, il s'est transformé en simple routine. Connaissez-vous cette histoire ? Il était une fois un prêtre que son chat dérangeait toujours pendant la *puja*. Cela l'ennuyait, au point qu'il fourra un jour l'animal dans un panier avant le début du rituel et le relâcha quand il fut terminé. Cela devint bientôt une habitude. Son fils l'aidait. Le vieux prêtre mourut un jour et son fils reprit la responsabilité de la *puja*. Il n'oubliait jamais de mettre le chat dans le panier avant de commencer la cérémonie. Le chat, à son tour, mourut. Le lendemain, quand ce fut l'heure de la *puja*, le fils s'inquiéta : comment pouvait-il commencer le rituel sans mettre le chat dans le panier ? Il sortit en courant, attrapa celui du voisin, et commença. Comme il n'arrivait pas toujours à mettre la main à temps sur le chat du voisin, il finit par en acheter un autre.

« Le fils ignorait pourquoi son père avait pris cette habitude et ne le lui avait jamais demandé. Il s'était contenté d'imiter tout ce qu'il faisait. Les rituels ne devraient jamais être accomplis ainsi. Nous ne devrions exécuter les *acharas* qu'après en avoir compris le sens. Pour que nous en retirions un bénéfice, cette condition doit être remplie. Sinon, ils se transformeront en simple routine.

« Nous devrions pouvoir penser à Dieu dans chacun de nos actes. Avant de nous asseoir, par exemple, nous devrions toucher notre siège et nous prosterner devant, imaginant devant nous notre divinité d'élection. Quand nous nous relevons, nous devrions faire de même. Quand nous prenons un objet, quel qu'il soit, nous devrions lui montrer notre respect de cette façon, imaginant la divinité à l'intérieur de l'objet. Si nous gardons ainsi notre vigilance, notre mental sera toujours fixé sur Dieu et ne se tournera pas vers les objets du monde.

« Avez-vous déjà observé une mère qui, ayant laissé son bébé chez elle, travaille chez le voisin ? Quoi qu'elle fasse, elle pense à son petit. Va-t-il s'approcher du puits ? Les autres enfants ne risquent-ils pas de lui faire du mal ? Ira-t-il dans l'étable se faufiler sous les vaches ? Ou bien s'approcher du feu à la cuisine ? Elle n'a pas d'autres pensées. Un *sadhak* devrait être ainsi et ne jamais songer qu'à Dieu.

« Les *brahmacharis* n'ont pas appris les rituels. En servant des gens comme lui (Ottour), ils apprendront. (Se tournant vers le brahmachari) Mon fils, même s'il te réprimande, ne te laisse pas gagner par la colère, sinon tout ce que tu as fait sera en pure perte. Considère toute occasion de servir un *sadhu* comme une grande bénédiction. »

Comment affronter la louange et le blâme

Un *brahmachari* vint se plaindre à Amma du caractère d'un dévot. Celui-ci, disait-il, considérait la moindre faute des *brahmacharis* comme une grave erreur et n'hésitait pas à les critiquer rudement, sans jamais voir leurs bons côtés.

Amma : « Mon fils, il est facile d'aimer ceux qui chantent nos louanges, mais nous devrions aimer encore plus ceux qui mettent le doigt sur nos fautes et nos faiblesses. On pourrait affirmer que ce sont eux qui nous aiment vraiment. Quand nous voyons nos erreurs, nous pouvons les corriger et avancer. Considérons nos admirateurs comme des ennemis et nos critiques comme des amis. Mais gardons cette attitude secrète, sans rien en dire à personne. Il est vrai qu'elle n'est pas facile à cultiver ; quoi qu'il en soit, nous avons entrepris de réaliser le Soi, non le corps, ne l'oubliez pas.

« La louange et le blâme se situent sur le plan physique, non sur celui du Soi. Nous devrions les considérer comme équivalents. Mieux vaut apprendre à garder son équanimité face à l'amour et à la colère, aux compliments et aux réprimandes. C'est la vraie *sadhana*. Nous ne progresserons qu'à cette condition. »

Bri : « Amma, pourquoi dis-Tu que nous devrions considérer comme des ennemis ceux qui nous complimentent ? »

Amma : « Parce qu'ils nous éloignent de notre but. C'est

ce que nous devons comprendre, en utilisant notre discernement. Cela ne signifie pas qu'il faille rejeter qui que ce soit.

« Tous les êtres vivants recherchent l'amour. Tant que nous le cherchons dans le monde, nous souffrons, comme le moucheron qui périt dans le feu. Toute quête d'amour en ce monde aboutit à la souffrance. Telle est notre expérience actuelle. Il est impossible de trouver le véritable amour ; celui qui existe en ce monde est artificiel, comme la lampe qu'utilise le pêcheur. Il lance son filet, allume de puissants projecteurs et attend. Attiré par leur éclat, le poisson arrive. Le filet est bientôt plein et le pêcheur remplit son panier. Les gens s'aiment d'un amour égoïste.

« Quand les autres nous témoignent de l'amour, nous nous rapprochons d'eux en croyant qu'ils nous apporteront la paix. Mais nous ne voyons pas que le miel qu'ils nous offrent est une goutte sur la pointe d'une aiguille. Si nous essayons de savourer le miel, l'aiguille nous percera la langue. Voyez donc la vérité et avancez. Sachez que nous n'avons pas d'autre ami que Dieu ; ainsi, vous ne vous désolerez pas. »

La terre et le ciel baignaient dans l'éclat doré du couchant. L'horizon, à l'ouest, s'empourpra.

« Les pêcheurs partiront joyeux cette nuit, » dit Amma, montrant la magnifique couleur rouge. « Ils disent que ce rouge profond indique une belle prise. »

Quelqu'un se mit à jouer de l'harmonium et Amma S'assit dans le *kalari*. Elle perdit bientôt conscience du monde extérieur, adoptant l'état d'âme du chercheur qui, dans la solitude, se laisse absorber par la pure dévotion.

Kumbhodara varada...

Ô Toi au gros ventre
Et au visage d'éléphant,
Toi qui accordes des faveurs,
Fils de Shiva,
Seigneur des Ganas.

Ô Toi dont les cinq mains distribuent des grâces,
Toi qui détruis le chagrin,
Fils de Shiva, bénis-nous
En nous accordant le salut.
Que Ton regard bienveillant tombe sur moi !

Ô Seigneur suprême
Qui nous fait franchir la rivière du samsara,
Demeure de miséricorde,
Toi qui es propice,
Ô Hari, nectar de béatitude,
Toi qui détruis les obstacles,
Fais preuve de compassion.

L'Ashram et ses environs vibraient des accords de l'harmonieuse musique dévotionnelle. Tous étaient plongés dans l'extase de la dévotion.

Un accident provoqué par un chien

Dimanche 20 octobre 1985

« Mes enfants, notre but est certes d'aimer toutes les créatures, mais sans que cela nuise à personne. Notre mission est d'aller dans le monde et de servir. La compassion que nous manifestons envers un être vivant ne doit pas déboucher sur la souffrance d'un autre. Si nous vivons dans un lieu isolé, nous pouvons élever des chiens, des chats ou d'autres animaux. Mais de nombreux visiteurs viennent ici. Si nous avons un chien, les petits enfants voudront jouer avec et ils risquent de se faire mordre. Il vaut mieux ne pas garder de chien dans un ashram. »

Entendant la voix d'Amma, les gens s'assemblèrent autour d'Elle. Elle était descendue ce matin, ayant entendu un bruit inhabituel. Sa grand-mère (*Achamma*, qui signifie « la mère du père ») était allée derrière la hutte pour chercher une longue perche afin de cueillir des fleurs dans les arbres. Une chienne venait de donner naissance à des chiots et les allaitait à cet endroit. Mais Achamma l'ignorait. L'animal, inquiet, mordit Achamma qui se mit à crier. Quand Amma arriva, des dévots et des *brahmacharis* entouraient la grand-mère.

Amma : « La pauvre, comment va-t-elle cueillir ses fleurs maintenant ? La morsure est profonde. »

Chaque jour, Achamma cueillait des fleurs pour la *puja* dans le petit temple. Si faible qu'elle fût, elle n'y manquait jamais. L'été, quand il était difficile de trouver des fleurs fraîches, il lui était souvent révélé en rêve où elle en trouverait, et ses songes ne la trompaient jamais : l'endroit foisonnait de fleurs, et les voisins l'empêchaient rarement d'en cueillir sur leur propriété.

Les résidents entamèrent une discussion au sujet de cet incident.

Rao : « C'est Ounni qui a attiré cette chienne. Il lui donne du riz tout les jours ; pourquoi partirait-elle ? »

Amma : « Où est Ounni ? Appelez-le. » Quand Elle le vit derrière Elle : « Mon fils, est-ce ton chien ? Es-tu venu ici pour faire de l'élevage ? »

Ounni : « Pendant plusieurs jours, quand je me lavais les mains après le repas, je voyais la chienne qui attendait près du robinet. Je l'ai prise en pitié, en la voyant mendier. »

Amma : « Depuis combien de temps la nourris-tu ? »

Ounni : « Je lui ai donné à manger de temps en temps. Je ne pensais pas qu'elle mettrait bas ici. »

Amma : « A-t-elle besoin de ta permission pour donner naissance à ses petits ? »

Ounni (pouffant de rire) : « Amma, son regard affamé m'a fait pitié. »

Amma : « Si tu tiens à la nourrir, emmène-la loin d'ici. Si tu avais agi ainsi, nous n'aurions pas ce problème maintenant. » Elle reprit d'un ton plus sévère : « Tu as eu pitié de la chienne affamée. N'as-tu pas pitié maintenant de cette vieille grand-mère, qu'elle a mordue jusqu'au sang ? Nous devrions voir Dieu en tout et offrir notre service, c'est exact. La *sadhana* nous invite à manifester de la compassion envers tous les êtres vivants. Mais il y a un lieu adéquat pour chaque chose. L'Ashram n'est pas un endroit pour les chats et les chiens. Ce pauvre animal sait-il qu'il est dans un ashram ou qu'Acchamma voulait seulement la perche ? Tu mériterais une fessée pour avoir gardé cette chienne et l'avoir nourrie. »

Amma prit les mains d'Ounni, les tenant ensemble comme celles d'un prisonnier.

Ounni : « Amma, je ne l'ai pas nourrie tous les jours. Juste de temps en temps. »

Amma : « Non, ne dis rien. Aujourd'hui je vais t'attacher ! »

Sans le lâcher, Elle Se dirigea vers le réfectoire. Arrivée près d'un pilier, Elle demanda à un dévot d'aller chercher de la corde. Sachant que c'était une de Ses *lilas*, il en apporta un petit bout. En voyant la corde, l'humeur d'Amma changea. Elle dit : « Cette corde ne vaut rien. Si Amma l'utilise, il aura mal. Nous allons donc peut-être le laisser partir pour cette fois. » Et Elle libéra le *brahmachari*.

Dr Lila Lui amena Achamma et demanda : « Amma, je ne sais pas si le chien a la rage ou pas. Ne vaudrait-il pas mieux que je fasse une piqûre à Achamma ? »

Amma : « La chienne n'a ni la rage ni quoi que ce soit. Soigne la plaie, c'est tout. »

Comme c'était un dimanche, de nombreux dévots étaient là. Quand Amma arriva près de la hutte, ils L'entourèrent. Une femme Lui murmura à l'oreille : « L'humeur d'Amma m'a fait peur ce matin. »

Amma rit et lui fit un baiser affectueux sur la joue. Ceux qui n'en ont pas l'habitude peuvent être troublés en voyant Amma corriger les *brahmacharis*. Son visage prend alors une expression très sérieuse. Mais ils sont étonnés de voir l'amour et l'affection qu'Elle leur témoigne l'instant d'après. Amma est l'Amour même. Elle ne sait pas se mettre en colère. Elle ne sait qu'aimer.

La Mère qui accorde des bénédictions invisibles

Amma demanda à une dévote : « Amma t'a cherchée l'autre jour. Pourquoi es-tu partie si vite ? »

Quelques jours plus tôt, comme Amma sortait de Sa chambre, Elle avait trouvé à la porte un paquet contenant des racines de tapioca bouillies avec une sauce pour les assaisonner. Elle en avait goûté un morceau et avait demandé à une *brahmacharini* d'aller chercher la personne qui avait apporté cela. Mais celle-ci était déjà partie, il fut impossible de la trouver. Personne ne savait qui avait déposé ce paquet à la porte d'Amma.

La dévote : « J'étais très inquiète ce jour-là, Amma. La vente d'un terrain que nous voulions acheter devait être conclue. J'avais promis d'être chez le notaire à onze heures avec la somme. Mais même après avoir mis en gage mes bracelets et ma chaîne, nous n'avions pas assez d'argent en espèces. Nous avions demandé à plusieurs personnes de nous aider, mais sans succès. Si l'acte n'était pas signé à onze heures, nous perdions nos arrhes. J'ai décidé d'aller voir Amma dans la matinée, et de Lui apporter du tapioca bouilli. Je suis arrivée à neuf heures et demie, et quelqu'un m'a dit qu'Amma ne viendrait que plus tard. Si j'arrivais chez le notaire avant midi, je pouvais demander le remboursement d'au moins la moitié du dépôt, même si la vente était annulée. J'ai donc laissé le paquet à la porte d'Amma et je suis partie. J'ai beaucoup pleuré. J'avais espéré qu'avec la bénédiction d'Amma, je pourrais récupérer au moins la moitié de cette somme.

« Arrivée à Oachira, j'ai vu une de mes anciennes amies qui attendait le bus. Son mari travaille en Arabie Séoudite. J'ai profité de cette rencontre pour lui demander son aide, en lui expliquant la situation. « Si je ne trouve pas dix mille roupies avant midi, la vente sera annulée. » Par la grâce d'Amma, elle avait exactement ce montant sur elle ! Quelqu'un venait de lui rembourser un prêt et elle rentrait chez elle après avoir été chercher l'argent. Sans un mot, elle me le donna, et je fondis en larmes. Par la grâce d'Amma, la vente a été conclue ! »

Les yeux de la femme étaient brillants de larmes. Amma l'étreignit affectueusement et essuya ses larmes avec Son sari.

Le trésor intérieur

Une *puja* allait se dérouler dans la maison d'un dévot. Avant de partir, le *brahmachari* qui devait célébrer le rituel vint recevoir la bénédiction d'Amma.

Amma le bénit et dit : « Mon fils, il y a une fourmilière sur leur terrain. On leur a dit de ne pas la détruire et ils suivent ce conseil. Amma ne pense pas que ce soit très important. Même si nous faisons tout ce qu'il faut, si les dévots n'ont pas la foi requise et la capacité de s'abandonner, ils n'en retireront pas le moindre bienfait. Certaines personnes sont attachées à des superstitions dont elles ne démordent pas, quelles que soient les explications que nous leur donnons. Nous devons nous mettre à leur niveau et faire le nécessaire. Dans ce cas-là, ce qui leur met l'esprit en repos est juste.

« Cela ne signifie pas qu'il faille les laisser dans l'erreur. Dis-leur : « Cette fourmilière ne vous apportera aucune nuisance, mais il est inutile que vous la gardiez. Mettez-en une parcelle dans votre salle de *puja*. Vous pouvez détruire le reste. Si elle continue à grandir, vous perdrez plus d'espace encore. » À la fin du rituel, prends un peu de sable de la fourmilière et donne-le leur pour qu'ils le mettent dans leur salle de *puja*. »

Amma S'adressa aux dévots qui L'entouraient : « Un jour quelqu'un est venu avec une histoire du même style. Il y avait près de sa maison une fourmilière. Un astrologue le persuada qu'un trésor gisait en-dessous et qu'il le trouverait s'il faisait quelques *pujas*. Il demanda l'aide d'innombrables astrologues et autres pour découvrir le magot. Nombre d'entre eux lui promirent de l'aider, lui extorquant beaucoup d'argent, mais il ne trouva rien. Il finit par venir ici. Sa seule question était : « Quand découvrirai-je le trésor ? » et non « Le trésor existe-t-il ? ». Que pouvait dire Amma ? Il s'est mis en colère, car Elle lui a déclaré qu'il n'y avait pas de trésor. « Tous les astrologues que j'ai consultés m'ont dit qu'il y en avait un. Si tu n'arrives pas à le voir, à quoi sert cette rencontre ? » Sur ces mots, il partit. Son esprit ne rêvait qu'à ce trésor. Que pouvions-nous faire ? Amma lui a dit que ce n'était qu'une chimère, mais pour lui c'était inacceptable. Il est revenu peu après. Il a eu une expérience qui l'a fait revenir. » Amma rit. « Maintenant, il s'intéresse au trésor intérieur, non au trésor extérieur. Si Amma l'avait rejeté au début, son avenir aurait été sombre. C'est pourquoi, quand de telles personnes viennent, il faut découvrir quel est leur niveau de compréhension et nous placer là pour commencer. Peu à peu, nous pourrons leur présenter des idées et des points de vues spirituels.

« Tous recherchent le trésor extérieur. Ils sont prêts à endurer le pire pour le trouver. Personne ne veut le trésor intérieur. Nous avons une richesse à l'intérieur que nous ne perdrons jamais et que personne ne peut voler. Mais nous ne la découvrirons pas en cherchant au-dehors. Il nous faut regarder à l'intérieur et offrir la fleur de notre cœur à Dieu. »

En montant l'escalier qui mène à Sa chambre, Amma leur fit un doux sourire dont la douceur réchauffait le cœur. Certains se demandaient peut-être à quoi ressemblerait la fleur du cœur digne de Lui être offerte. Chérissant Son tendre sourire, quelques-uns se rappelaient un *bhajan* qu'Elle chante souvent et qui décrit la fleur offerte à la Mère divine.

Pakalonte karavalli thazhukatha pushpam...

La fleur que les rayons du soleil ne caressent pas,
La fleur que le vent ne dérobe pas furtivement,
Le mental est cette fleur pleinement épanouie.

Le mental qu'aucun désir n'entache,
Le mental qui ne lance pas de flammes de colère,
La fleur qui n'est pas offerte en gage d'amour à une fille,
C'est le mental dans lequel demeure l'impératrice divine.

Le mental qui donne son plein sens à votre vie,
Le mental qui désire le bien-être d'autrui,
Le mental rempli d'amour pur,
La Mère divine le porte en guirlande !

La force que tu cherches est en toi.
Cesse cette quête chancelante, Ô mental !
Avance sans crainte vers le but de la vie,
Quand l'égoïsme s'efface, la Mère brille de Sa lumière.

Quand tout est abandonné à Dieu, l'âme,
Libre de fausse vanité, est remplie de paix.
C'est une lumière indicible
Où la Mère divine danse éternellement !

La Déesse du savoir initie les enfants

Mercredi 23 octobre 1985

Ce jour-là, jour de Vijaya Dashami, les dévots arrivèrent tôt le matin. Ils étaient accompagnés de leurs petits enfants, qui devaient recevoir leur première leçon de la Déesse du savoir Elle-même. C'étaient pour la plupart des mères habitant cette région côtière. Ceux qui venaient de plus loin étaient arrivés deux jours plus tôt et dormaient à l'Ashram. Amma vint dans la salle de méditation avec quelques enfants qui avaient déjà empilé leurs livres à l'endroit où devait être célébrée la *puja* pour Sarasvati, la Déesse du savoir. Beaucoup de dévots étaient déjà installés. Une atmosphère de fête régnait à l'Ashram.

La salle était trop petite pour contenir tout le monde. « Les petits enfants d'abord », appela Amma.

Les enfants se rassemblèrent autour de la pile de livres, tenant des feuilles de *tulasi*.

Om mushika vahana modaka hasta
Chamarakarna vilambita sutra
Vamanarupa maheshwara putra
Viswa vinayaka pahi namaste
Ô Seigneur Ganesh, Toi qui montes une souris,
Qui tiens un *modaka*[1] sucré,
Dont les oreilles sont comme un éventail,
Toi qui détruis tous les obstacles,
Toi qui as la taille d'un nain, Fils de Shiva
Je T'en prie, protège-moi,
Je me prosterne devant Toi.

[1] *Modaka* : boule sucrée faite de riz et de noix de coco.

Saraswati namastubya,
Varade Kamarupini
Vidyarambham karishyami
Siddhir Bhavata me sada
Ô Sarasvati (déesse de la sagesse)
Au commencement de mes études,
Je me prosterne devant Toi,
Qui accordes des faveurs,
Dont la forme est enchanteresse.
Puissé-je toujours réussir.

Padma patra vishalakshi
Padma Kesara varnini
nityan padmalaya Devi
Sa mam patu Saraswati.
Salutation à Sarasvati,
Dont les yeux sont vastes
Comme les feuilles du lotus,
Dont le teint est safran
Comme les étamines du lotus,
Et qui demeure constamment dans le lotus.

Les petites voix d'enfants répétaient les *mantras* que récitait Amma verset par verset en l'honneur de Ganesh et de Dévi Sarasvati.

Amma : « Maintenant Mes enfants, imaginez que vous voyez devant vous votre divinité préférée. Embrassez ses pieds divins et prosternez-vous. »

Amma Se prosterna la première ; les enfants suivirent Son exemple. Beaucoup d'autres attendaient dehors.

Les *brahmacharis* s'assirent au sud pour commencer les *bhajans*. Amma S'assit au nord avec une assiette pleine de grains de riz, dans laquelle les enfants allaient, du bout de leurs doigts, faire fleurir les lettres de l'alphabet. Chacun à leur tour, les parents amenaient leur enfant à Amma, pour qu'Elle puisse guider ses premiers pas dans le monde du savoir. Elle prenait les petits un par un sur Ses genoux, et les calmait en leur donnant un bonbon. Tous regardaient, fascinés, Amma guider les petits doigts pour leur faire écrire quelques lettres dans le riz.

« Hari ! » dit Amma. Le jeune enfant assis sur Ses genoux, drapé dans son *dhoti* neuf aux bordures dorées, de la pâte de santal sur le front, La dévisagea, comme s'il se demandait ce qui se passait. Elle le pressa : « Hari ! Dis-le : Ha…ri ! » L'enfant répéta fidèlement « Hari ! Dis-le : Hari ! » Tout le monde éclata de rire, y compris Amma. La plupart des enfants pleuraient en venant à Elle, mais Elle n'en laissait repartir aucun sans l'avoir fait écrire dans le riz. Pendant ce temps, les *bhajans* en l'honneur de Sarasvati exprimaient les sentiments présents dans le cœur des parents.

> Ô Sarasvati, Déesse de tout savoir,
> Accorde-nous Ta bénédiction !
>
> Nous ne sommes pas des érudits,
> Notre esprit est obtus,
> Nous ne sommes que des marionnettes
> entre Tes mains !

Amma n'aime pas que Ses enfants Lui donnent une *dakshina* (offrande traditionnelle faite à celui qui dirige une cérémonie ou un rituel). Néanmoins, les parents tenaient à ce que leur enfant Lui offrent quelque chose. Beaucoup d'entre eux, venus de la zone côtière, étaient très pauvres et n'auraient pu faire qu'une offrande très modeste. Pour être sûre que personne ne se sente blessé, Amma avait décidé que, pour se conformer à la tradition, chacun des enfants déposerait une roupie devant l'image de Sarasvati. Elle ne voulait pas que certaines mères déplorent de ne pouvoir offrir une *dakshina* équivalente à celle des autres. Il était onze heures quand Amma eut fini d'initier tous les petits enfants à l'écriture de l'alphabet.

Elle sortit dans la cour. Les dévots et les *brahmacharis* étaient assis en rangs. Amma S'assit auprès d'eux et prononça le « Om ». Chacun répéta le son primordial et l'écrivit dans le sable.

« Om ».

La leçon continua : « Hari Shri Ganapataye Namah ! » Enfin, pour ajouter encore à la douceur de l'apprentissage, Amma distribua du *prasad* à tous les dévots.

Vers midi, de nombreux visiteurs rentrèrent chez eux, heureux d'avoir reçu l'initiation de la Mère de toutes les sciences. Les *brahmacharis* étaient assis ici et là, revoyant leur leçon ou récitant des *mantras* védiques. N'ayant pu déposer leur fardeau de souffrance dans le giron d'Amma à cause de la fête de Sarasvati, bien des dévots attendaient, le regard anxieux. Infatigable, Elle les rassembla et Se dirigea vers la hutte pour le *darshan*.

Donnez à ceux qui sont dans le besoin

Janaki, de la ville de Pandalam, s'entretenait avec Amma. Institutrice en retraite, elle venait souvent La voir. Le comportement de son fils aîné l'inquiétait.

Amma : « Comment va ton fils, maintenant ? »

Janaki : « Il faut que Tu le corriges, Amma. Je ne le peux pas. Que puis-je faire si quelqu'un de son âge n'est pas capable de mener sa vie ? »

Amma : « Voilà ce qui arrive quand on montre trop d'affection aux enfants. »

Janaki : « Il a beaucoup de temps pour ses amis et ses voisins. Si quelqu'un lui parle de problèmes d'argent, il est prêt à l'aider, même si cela implique qu'il nous vole. Je suis en retraite maintenant. S'il ne peut pas se prendre en charge désormais, c'est triste. Que gagne-t-il à distribuer ainsi de l'argent ? Si nous frappons demain à leur porte en demandant de l'aide, ces gens ne nous reconnaîtront même pas. »

Amma : « Quand nous donnons, nous devons savoir à qui. Il s'agit de donner à ceux qui en ont besoin, et de le faire sans rien attendre en retour. Si nous attendons quoi que ce soit, n'est-ce pas une forme de marché ?

« À nous de discerner ceux qui sont dans la misère et de les aider : ceux qui, souffrants, ne peuvent plus travailler, les handicapés, les enfants abandonnés, les malades qui n'ont pas les moyens de se soigner, les vieillards, sans famille pour s'occuper d'eux. C'est notre *dharma* et nous ne devons rien attendre en échange. Mais réfléchissons à deux fois avant de donner à des gens en bonne santé, capables de travailler. Si nous leur donnons de l'argent, ils deviendront encore plus paresseux. Et si de nombreuses personnes se montrent charitables, ils auront beaucoup d'argent, n'est-ce pas ? Ils le gaspilleront en drogues et en alcool. Si cela arrive, nous sommes responsables de leur péché, car sans nos dons, ils n'auraient pas commis ces fautes.

« Nous pouvons donner une part de notre nourriture aux affamés, des médicaments aux malades, des vêtements à ceux qui souffrent du froid. Nous pouvons procurer un peu de travail à un chômeur et le payer pour cela. Mais si nous nous appauvrissons en distribuant de l'argent sans réfléchir, inutile de blâmer Dieu.

« Les dons aux ashrams et aux institutions charitables ne posent pas de problème. Ils veilleront à ne pas gaspiller cet argent. Des organisations comme les ashrams l'investissent dans des projets sociaux. Même dans ce cas, il ne s'agit pas de donner pour acquérir une réputation, mais de considérer cela comme une occasion de servir Dieu. Le mérite nous en reviendra de toutes façons. Quand nous donnons, personne d'autre ne devrait le savoir. N'y a-t-il pas un proverbe qui dit que la main gauche doit ignorer ce que fait la main droite ? »

Essuyant les larmes de la femme, Amma l'étreignit et la réconforta en disant : « Cesse de t'inquiéter, ma fille. Amma est là pour toi ! »

Janaki : « Amma, qu'il distribue tout à qui il veut. Je ne me plains pas. Mais je n'ai pas la force de le voir un jour mendier quelques roupies. Il faut que tu me fasses disparaître avant, Amma. »

Amma : « Ne pleure pas, Ma fille. Tu ne verras jamais cela. Tu ne manqueras de rien. Amma n'est-Elle pas toujours avec toi ? » Elle l'embrassa encore une fois et lui donna un baiser.

Le vrai dévot ignore la pauvreté

La dévote se retira avec un sourire paisible, qui s'était épanoui après le baiser d'Amma. Aussitôt, le dévot suivant, un homme appelé Divakaran, se trouvait dans les bras d'Amma.

Amma : « Quand es-tu arrivé, fils ? Amma ne t'a pas vu lorsqu'Elle a distribué le *prasad.* »

Divakaran : « Je voulais venir ce matin, Amma, mais le bus avait du retard et je viens d'arriver. »

Amma : « La dernière fois, tu es venu accompagné d'un autre fils. »

Divakaran : « Oui, c'était Bhaskaran. Il est toujours en difficulté, Amma. Cela fait dix-sept ans qu'il se rend régulièrement au temple de Sabarimala. Il y a peu de temples qu'il ne fréquente pas. Pourtant, il est toujours confronté à la pauvreté et à de nombreux problèmes. Quand je pense à lui, je me demande même à quoi sert de songer à Dieu. »

Amma : « Mon fils, si nous prenons totalement refuge en Dieu, il ne nous arrivera que de bonnes choses, tant au niveau matériel que spirituel. Aucun *Mahatma* n'est jamais mort de faim. Le monde entier est à genoux devant eux. Celui qui prend vraiment refuge en Dieu ne souffrira pas de la pauvreté. La cause principale de nos souffrances actuelles est que nous ne nous abandonnons pas complètement à Lui. Notre dévotion n'est pas pour l'amour de Dieu ; nous voulons satisfaire nos désirs. Mais le désir engendre la souffrance. »

Un autre dévot : « La dévotion de Kouchela envers Krishna était ferme. Il a pourtant souffert de la pauvreté. »

Amma : « Il n'est pas juste de dire que Kouchela a souffert

d'être pauvre. Comment aurait-il trouvé le temps de souffrir, alors qu'il était sans cesse plongé dans le souvenir de Dieu ? La pureté de sa dévotion lui permit de rester dans la béatitude malgré sa misère. Grâce à son abandon à Dieu, même le dénuement, qui faisait partie de son *prarabda*, disparut. Kouchela ne s'effondra pas sous le poids de la pauvreté ; il n'oublia pas non plus Dieu dans un excès de joie quand les richesses affluèrent.

« Si nous prenons refuge en Dieu sans autre désir, Il nous donnera ce dont nous avons besoin, au moment voulu. Si nous nous abandonnons à Lui avec la confiance qu'Il prendra soin de tout, nous n'avons rien à craindre. Nous ne connaîtrons que la prospérité et la joie. La Déesse de la prospérité se fera la servante de celui dont la dévotion est pure. Mais quel type de dévotion est le nôtre aujourd'hui ? Nous déclarons que nous allons au temple, mais personne n'y va pour le Seigneur. Même en Sa présence sacrée, nous parlons de choses profanes. Quel besoin d'aller au temple si nous ne faisons que discuter de notre famille et de nos voisins ? Au moins dans ce lieu sacré, nous devrions méditer uniquement sur Dieu et Lui abandonner tous nos fardeaux, sachant qu'Il est au courant de nos problèmes sans que nous Lui en parlions. Il ne s'agit pas d'aller au temple uniquement pour nous plaindre, mais pour adorer Dieu et trouver la force de nous souvenir de Lui. »

D'autres dévots, qui avaient jusqu'alors gardé le silence, se mirent à poser des questions.

Mettez votre foi en pratique

Un dévot : « Mais, Amma, Tu as dit Toi-même que nous devrions ouvrir notre cœur et tout confier à Dieu. »

Amma : « Confier nos problèmes aux êtres qui nous sont chers nous soulage, n'est-ce pas ? Nous devrions éprouver envers Dieu le même amour, le même sentiment d'intimité, le sentiment qu'Il est nôtre. Inutile de Lui cacher quoi que ce soit. Il est bon d'alléger le fardeau de notre cœur en confiant nos chagrins à Dieu. C'est à Lui seul que nous devrions nous fier quand nous avons des difficultés. Le vrai dévot ne confie jamais ses ennuis à personne. Dieu est sa seule véritable famille. Mais il ne sert à rien d'aller vers Dieu le cœur rempli de désirs et de problèmes familiaux.

« Il faut expliquer notre cas en détail à l'avocat pour qu'il puisse plaider en notre faveur. Le docteur ne peut nous soigner que si nous lui décrivons nos symptômes. Mais inutile d'entrer dans les détails pour mettre Dieu au courant de nos problèmes. Il sait tout. Il demeure en nous, observant chacun de nos mouvements. Sa puissance nous permet de voir, d'entendre et d'agir. Grâce à ce même pouvoir, nous pouvons Le connaître. Sa lumière nous permet de voir le soleil. Il ne nous reste donc qu'à tout Lui abandonner et à nous souvenir constamment de Lui.

« Notre relation la plus forte devrait être celle avec Dieu. Si nous décidons de Lui confier nos chagrins, ce doit être dans l'intention de nous rapprocher de Lui. Notre foi, notre abandon à Dieu ou au *guru* nous délivrent de la souffrance. Le simple fait de décrire nos difficultés ne suffit pas. »

Un *brahmachari* posa la question suivante : « Amma, est-il possible de réaliser le Soi uniquement grâce à la foi en Dieu ? »

Amma : « La foi totale, c'est en soi la réalisation ; mais tu ne l'as pas. Il faut donc que tu t'efforces d'y parvenir et que tu accomplisses une *sadhana*. Il ne suffit pas d'avoir confiance en son médecin, il faut prendre les médicaments si l'on veut guérir. La foi et l'effort sont tous deux nécessaires.

« Si tu plantes une graine, elle germera, mais pour qu'elle croisse correctement, elle a besoin d'eau et d'engrais. La foi nous fait prendre conscience de notre vraie nature, mais pour en avoir l'expérience directe, nous devons faire des efforts.

« Écoutez l'histoire de ce père et de son enfant. Le fils était malade et le médecin avait prescrit comme remède l'extrait d'une certaine plante. Ils la cherchèrent partout, mais en vain. Ils marchèrent longtemps et finirent par se fatiguer et avoir soif. C'est alors qu'ils virent un puits et en s'approchant, ils trouvèrent un seau et une corde. Beaucoup d'herbes sauvages croissaient aux alentours. Quand il mit le seau dans le puits pour tirer de l'eau, le père aperçut au fond la plante médicinale qu'ils avaient cherchée partout. Il essaya de descendre dans le puits, mais il n'y réussit pas. Il n'y avait pas de marches et le puits était très profond.

« Le père comprit alors ce qui lui restait à faire. Il attacha la corde autour de la taille de son fils et le fit descendre avec précaution dans le puits. « Cueille les herbes quand elles seront à ta portée, » dit-il au garçon. Au même moment, des voyageurs passèrent par là. Ils s'étonnèrent. « Quel homme êtes-vous pour faire ainsi descendre votre enfant au bout d'une corde ? » lui demandèrent-ils. Le père ne répondit pas. Le garçon, arrivé au fond, cueillit soigneusement les simples. Le père le remonta doucement et quand l'enfant sortit du puits, les autres lui demandèrent : « Comment as-tu eu le courage de descendre attaché à une corde ? » Le fils répondit sans hésiter : « C'est mon père qui tenait la corde. »

« Le fils avait une grande confiance en son père, mais c'est en la rendant agissante et en descendant dans le puits pour en extraire la plante qu'il retira les bienfaits. Mes enfants, c'est ainsi que nous devons avoir foi en Dieu, en pensant : « Dieu me protégera, pourquoi m'affliger ? Je ne désire même pas la réalisation. » Cette confiance est indispensable. La dévotion de celui qui est sans cesse rongé par le doute n'est pas authentique, sa foi n'est pas réelle. »

La foi en Dieu, la foi en soi

Un jeune homme : « Mais pourquoi dépendre de Dieu ? Ne suffit-il pas de faire des efforts ? Après tout, tous les pouvoirs sont en nous. Les dieux n'ont-ils pas été créés par l'homme ? »

Amma : « Mon fils, nous vivons aujourd'hui avec le sentiment du « moi » et du « mien ». Tant que cette attitude persistera, nous ne percevrons pas ces pouvoirs en nous. Quand le rideau est tiré, il est impossible de voir le ciel. Ouvrez le rideau, et le ciel devient visible. De la même manière, si nous éliminons de notre mental le sens du « moi », nous pourrons voir la lumière qui est en nous. Mais cette destruction requiert humilité et dévouement.

« Pour construire une barque, on fait chauffer le bois afin de le plier selon la forme désirée. On peut dire que cette opération donne au bois sa vraie forme. Ainsi, l'humilité révèle notre vraie forme. Si le fil est épais ou échevelé, il ne passe pas par le trou de l'aiguille. Il doit se faire mince. Cet abandon de la part du fil lui permet d'assembler d'innombrables morceaux de tissu. L'abandon de soi est également le principe qui mène le soi individuel *(jivatman)* au Soi suprême *(paramatman)*. Tout cela est en nous, mais pour le trouver, il est nécessaire de fournir un effort constant.

« Même si nous sommes doués pour la musique, seule une pratique régulière nous permet de chanter d'une manière qui plaise à l'auditoire. Ce qui est latent à l'intérieur de nous doit devenir une expérience. Il est inutile de déclarer : « Tout est en moi. » Nous sommes fiers de notre statut, de notre position sociale et de nos capacités ; mais quand surviennent des circonstances hostiles, nous chancelons. Nous perdons foi en nous-mêmes. Pour changer cela, nous devons faire un effort incessant.

« Nous croyons que tout fonctionne grâce à notre pouvoir. Mais sans la puissance divine, nous ne sommes que des corps inertes. Nous nous vantons de pouvoir détruire le monde en appuyant sur un bouton. Cependant, ne nous faut-il pas faire un geste pour appuyer sur le bouton ? D'où nous vient la capacité de bouger le doigt ?

« Il existe des panneaux de signalisation dont la peinture est fluorescente. Quand les phares d'un véhicule se posent sur eux, ils réfléchissent la lumière. Cela permet aux conducteurs d'obtenir des informations concernant la route et l'état de la chaussée. Mais imaginez un panneau routier qui penserait : « Ces voitures roulent grâce à ma lumière. Trouveraient-elles leur chemin sans moi ? » C'est tout à fait comparable quand nous disons : « mon pouvoir », « mes facultés ». Le panneau ne brille que quand il est éclairé par des phares. De même, nous ne sommes capables de bouger et d'agir que par la grâce et le pouvoir du Tout-puissant. C'est Lui qui toujours nous protège. Si nous nous abandonnons à Lui, il nous guidera sans faillir. Si nous cultivons cette foi, nous ne tomberons jamais. »

Il était déjà midi, et Amma n'avait encore rien mangé de la journée. Elle était restée avec Ses enfants depuis le début de la matinée. Il en va chaque jour ainsi.

Innombrables prosternations devant l'incarnation
de l'abnégation,
qui perçoit tous les êtres en ce monde comme Ses enfants,
et ne cesse de répandre Son affection sur eux.

Chapitre Cinq

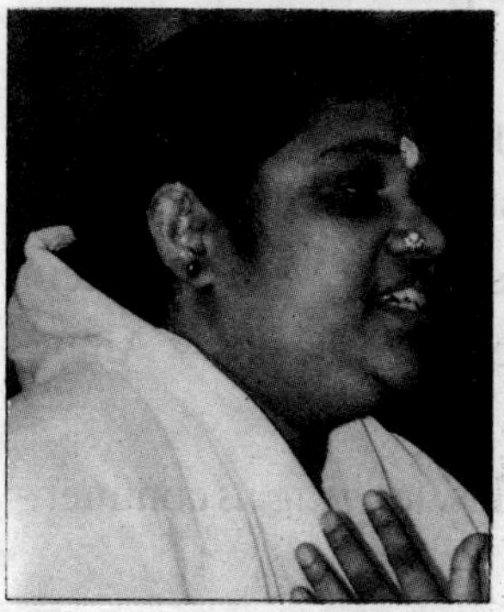

5

Vendredi 25 octobre 1985

Amma répand Ses bénédictions

Sethouramane, qui travaillait en Assam, s'avança près d'Amma avec sa famille et se prosterna. Après avoir terminé ses études, il était resté sans emploi pendant plusieurs années. Son désespoir grandissant, il était finalement venu voir Amma. Elle lui avait donné un *mantra* en lui recommandant de le répéter cent huit fois par jour et de réciter l'*archana* (Sri Lalita Sahasranama, les Milles Noms de la Mère Divine). Il avait suivi Ses instructions à la lettre. Trois semaines plus tard, son oncle, qui travaillait en Assam, rentra pour les vacances. Il promit de trouver un emploi pour son neveu. Sethou partit peu après pour l'Assam et il était maintenant en vacances dans sa famille. Sa femme l'accompagnait. C'était une collègue qu'il avait épousée avec la bénédiction de sa famille et d'Amma, qui avait Elle-même dirigé la cérémonie de baptême de leur fille aînée, Saumya. Amma prit dans Ses bras la femme de Sethou et le bébé. Son visage rayonnait de joie, comme celui d'une matrone accueillant sa jeune bru dans la famille. Sethou regardait la scène, des larmes de bonheur dans les yeux.

Amma : « Ne restez-vous pas jusqu'à demain, Mes enfants ? »

Sethou : « Nous pensions partir juste après le *darshan*, Amma, mais nous avons décidé de rester cette nuit. »

Amma (à un *brahmachari* assis près d'Elle) : « Donne-leur ta chambre, Mon fils. » S'adressant à Sethou, Elle dit : « Amma te verra après les *bhajans*. »

Les *brahmacharis* étaient déjà installés, les *bhajans* commencèrent.

Prapanchamengum...

Apparence illusoire qui baigne tout l'univers,
Ô splendeur, ne Te lèveras-Tu pas dans mon mental
En y répandant à jamais Ta lumière ?

Ma soif sera étanchée si je bois Ton amour
Et Ton affection maternelle.
Le désespoir de mon mental disparaîtra
Si je viens près de Toi et me plonge dans Ta lumière divine.

Pendant combien de jours ai-je erré en Te cherchant,
Toi qui es le cœur caché de toute chose.
Ô ma Mère, ne viendras-Tu pas m'accorder la béatitude du Soi,
Ô Mère, ne viendras-Tu pas ?

Les étoiles brillaient, magnifiques. Amma se mit à creuser sous des plantes *chembu* (sorte de plante apparentée au tapioca) à la recherche de tubercules, mais Elle ne trouva pas de bulbes. Plusieurs fois, Elle avait déterré des tubercules comestibles. Les accords des chants dévotionnels venant du *kalari* flottaient dans l'air. Amma avait participé aux chants, mais à la fin d'un *bhajan*, Elle était sortie, Se dirigeant vers le nord de l'Ashram. Cela arrivait de temps en temps. Quand le chant l'absorbait trop intensément, si bien qu'Elle ne pouvait rester sur ce plan de conscience, Elle s'efforçait de faire redescendre Son mental en le concentrant sur un travail. Elle dit souvent : « Amma ne peut pas chanter une seule phrase avec une concentration totale, car Elle perdrait le contrôle ! Quand Elle chante un vers, Elle tente consciemment de Se rappeler le suivant. Elle Se demande comment Ses enfants peuvent chanter les *bhajans* sans pleurer ! »

Après avoir creusé sous de nombreuses plantes *chembu*, Amma trouva une poignée de tubercules comestibles. Elle les lava, les mit dans une marmite avec de l'eau, alluma un feu et les fit cuire. La cuisson n'était qu'à moitié achevée quand Elle en goûta un morceau encore chaud. Elle distribua le reste à Ses enfants et monta dans Sa chambre.

Le *prasad* d'Amma arriva sous la forme de morceaux de *chembu* à moitié cuits, sans sel ni assaisonnement ; cela ressemblait à de petits œufs de moineau ! Tenant dans leurs mains ce *prasad*, ils arrivèrent au temple juste pour la fin des *bhajans*, marquée par l'*arati*. Comme une fleur qui s'épanouit la nuit, les paroles d'Amma en une occasion semblable leur revenaient en mémoire : « Mes enfants, savez-vous les efforts que doit faire Amma pour rester dans votre monde ? »

À une heure du matin, Amma sortit de Sa chambre. Un *brahmachari* faisait son *japa* dans le *kalari*. Voyant Amma entrer de manière inattendue, il se prosterna à Ses pieds. Elle lui demanda d'appeler tout le monde. La nouvelle suffit à réveiller les résidents, qui se précipitèrent vers Elle sans connaître le motif de cet appel. Elle leur demanda de prendre un *asana* et Se dirigea vers la plage.

Ils comprirent alors que c'était l'heure de méditer. Amma emmenait parfois les *brahmacharis* sur la plage pour méditer. Il n'y avait pas d'heure fixe ; cela pouvait arriver à n'importe quel moment. Ils s'assirent sur la rive autour d'Amma. Le silence était parfait, excepté le son grave du « Om » émanant de la mer et le bruit incessant des vagues venant se briser sur le rivage. Amma chanta trois fois le « Om », que tous reprirent en chœur. Elle dit : « Si le sommeil vous gagne, levez-vous et chantez votre *mantra*. Si cela ne va pas mieux, courez un peu le long de la plage avant de vous rasseoir. C'est le moment le plus propice à la méditation ; la nature entière est calme. »

Deux heures passèrent rapidement. Pour terminer, Amma chanta encore le « Om » et tous le répétèrent. Suivant Ses instructions, ils imaginèrent leur divinité bien-aimée devant eux et se prosternèrent. Amma chanta un hymne à la gloire de la Mère divine : *Sri chakram ennoru*...

Le clair de lune jouait sur la surface de la mer. L'horizon était en partie recouvert d'un voile de brume. Quelques étoiles isolées brillaient au firmament. Même les vagues paraissaient s'apaiser. Sur la plage, les chanteurs habillés de blanc ressemblaient à un vol de cygne venu se poser un moment sur la rive du temps, au crépuscule d'une époque reculée. La forme d'Amma brillait dans leur pensée, telle une montagne blanche se reflétant sur les eaux tranquilles du lac de leur mental.

Amma boit du lait empoisonné

Mardi 29 octobre 1985

Dans l'après-midi, Amma appela les *brahmacharis* dans Sa chambre. Elle était assise au milieu de la pièce et avait devant Elle de nombreux paquets, contenant différentes sortes de bonbons.

Amma : « Il y a un moment qu'Amma voulait vous distribuer cela, mais Elle n'a pas encore eu le temps de le faire. »

Et Elle donna quelques bonbons à chacun. Remarquant que quelques-uns des résidents n'étaient pas encore arrivés, Elle demanda : « Où sont les autres ? »

Un *brahmachari* : « Deux personnes ont une infection oculaire et se reposent, Amma. »

Amma : « Ils sont allongés ? N'ont-ils pas la force de marcher ? »

Brahmachari : « Ils n'ont pas de problème pour marcher, mais ils ont peur de Te donner l'infection. »

Amma : « Ils n'ont pas besoin de s'inquiéter pour cela. Quelle que soit la maladie dont vous souffrez, Mes enfants, vous pouvez toujours venir auprès d'Amma. Mon fils, des gens viennent au *darshan* avec toutes sortes de maladies infectieuses. Combien de personnes sont passées dans les bras d'Amma avec une infection oculaire, la varicelle et des maladies de peau ? Elle n'a jamais été obligée d'interrompre le *darshan*. Dieu L'a toujours protégée et Elle est convaincue qu'Il continuera à le faire.

« Une dévote apporta un jour un verre de lait. Amma le but. Peu après, Elle Se mit à vomir. Son corps s'affaiblit beaucoup par déshydratation. Mais Elle songeait à la foule de dévots qui attendaient Son *darshan*. Il y avait parmi eux des gens très pauvres, obligés de travailler comme manœuvres pendant bien longtemps, mettant chaque jour quelques sous de côté, afin de pouvoir rassembler l'argent nécessaire pour payer le bus et venir voir Amma. S'ils étaient obligés de partir sans L'avoir vue, quand en auraient-ils de nouveau l'occasion ? En pensant à eux, Amma était désolée. Elle pria et S'assit sur le *pitham*. Elle appela les dévots, les réconforta et leur donna les conseils dont ils avaient besoin. Puis Elle dut rendre de nouveau. Elle fit fermer la porte, S'assit par terre et vomit. Un peu plus tard, Elle changea de vêtements et reprit le *darshan*. Mais Elle avait vu dix personnes quand les vomissements reprirent. Quand Elle était trop faible pour Se relever, Elle S'imaginait en train de chanter un bhajan et de danser ; cela Lui donnait un peu d'énergie. Mais peu après, Elle était contrainte de vomir à nouveau, puis reprenait le *darshan*.

« Cela continua ainsi jusqu'au matin. Elle était très faible à la fin, mais Elle tint bon jusqu'à ce que le dernier dévot fût venu dans Ses bras. Dès que la dernière personne fut sortie, Elle S'effondra. On La porta dans Sa chambre. Tous étaient très inquiets, craignant pour Sa vie. Si Amma n'avait pensé qu'à Son confort, Elle n'aurait pas eu besoin de faire cela. Il Lui aurait suffit d'aller S'allonger dans Sa chambre pour Se reposer ; Elle aurait alors sans doute rapidement retrouvé Ses forces. Mais en songeant au chagrin de Ses dévots, il Lui fut impossible d'agir ainsi. Elle était prête à mourir s'il le fallait.

« Le lait qui avait été donné à Amma contenait du poison. Une famille hostile à Amma l'avait donné à une dévote. La femme, innocente, ignorait que le lait était empoisonné ou même que cette famille était opposée à Amma. »

Peu après, Amma finit de distribuer les bonbons et descendit. Elle S'assit près du réservoir d'eau, au sud de la salle de méditation. Quelques plants de canne à sucre avaient poussé à cet endroit sur la rive de la lagune. Une des cannes était cassée ; un *brahmachari* la coupa et l'apporta à Amma. Elle la coupa en petits morceaux qu'Elle donna aux *brahmacharis*. Comme la canne à sucre avait poussé près de l'eau salée, elle avait un léger goût de sel. Amma en goûta aussi quelques petits morceaux.

En jetant le résidu, Elle dit : « Mes enfants, quand vous étudiez les Écritures, rappelez-vous cela : une fois que nous avons sucé le jus de la canne à sucre, nous recrachons les fibres. Prenons donc l'essence des Écritures et rejetons le reste. Il serait stupide de nous accrocher aux Écritures jusqu'au jour de notre mort. Agissons de même avec les paroles des *Mahatmas*, acceptant ce que nous pouvons assimiler et mettre en pratique dans notre vie. Leurs conseils ne sont pas également valables pour tous. Ils prennent toujours en compte la situation de la personne et son niveau de compréhension. »

Amma Se dirigea vers le petit temple. Les dévots qui attendaient se précipitèrent vers Elle. Elle les fit entrer et S'assit.

La véritable forme d'Amma

Une dévote se prosterna, et se mit à sangloter dès qu'elle eût posé la tête sur les genoux d'Amma. Son chagrin avait été provoqué par les sarcasmes que lui avaient lancés quelques passagers de la barque en traversant la lagune. Amma essuya ses larmes et la consola. Puis Elle dit aux dévots :

« Si vous pincez le tronc d'un arbre, il ne sentira rien. Mais un tendre bourgeon souffre. Amma peut supporter n'importe quelles insultes. Mais si l'on fait souffrir les dévots, si l'on raconte des choses terribles sur Ses enfants, cela Lui est intolérable. Bien que nous soyons tous le même et unique *atman*, Amma ne peut rester indifférente à la souffrance de Ses enfants. Krishna ne broncha pas quand Bhishma Lui lança une centaine de flèches. Mais quand il visa Arjouna et que la vie de Son dévot fut en danger, Krishna Se précipita sur Bhishma en brandissant Son *chakra*. Pour le Seigneur, il est plus important de protéger Ses dévots que de tenir parole. C'est ce qu'a démontré Sri Krishna. »

Un dévot : « Amma, est-il impossible de se débarrasser de ceux qui calomnient Dieu et critiquent la voie spirituelle ? »

Amma : « Mon fils, si nous éprouvons de tels sentiments, nous faisons plus de mal qu'eux. Un être spirituel ne devrait jamais songer à nuire aux autres. Qu'il prie Dieu de changer leur cœur, de les rendre meilleurs. Le but des pratiques dévotionnelles et de la prière est de nous permettre d'aimer tous les êtres. Si quelqu'un dit du mal de vous, n'en soyez pas affecté. Songez que cela aussi est pour le mieux. Existe-t-il un monde sans dualité ? C'est grâce aux ténèbres que nous apprécions la valeur de la lumière. »

Dévot : « Comme nous avons de la chance d'être venus à Toi, Amma ! Lorsque nous sommes avec Toi, c'est la béatitude ! »

Amma (en riant) : « N'y croyez pas trop, Mes enfants ! À

l'heure actuelle, vous êtes tous malades, affligés de blessures infectées. Amma va faire sortir le pus de la plaie en appuyant. Elle fera paraître énormes vos plus petites erreurs. Vous aurez un peu mal.

« Amma déclare à Ses enfants : « Amma préfère le dieu de la mort au dieu Shiva. C'est bien par peur de la mort que les gens invoquent Shiva, n'est-ce pas ? Qui prendrait sinon refuge en lui ? Quand vous avez peur d'Amma, au moins vous appelez Dieu ! » Amma rit. « Auparavant, les enfants *brahmacharis* chantaient : *« Amme, snehamayi !... »* (Amma pleine d'amour). Maintenant, ils chantent : *« Amme, kruramayi !... »* (Amma pleine de cruauté). »

Amma rit et chanta « *Amme, kruramayi !...* » lentement, sur l'air qu'ils connaissaient. Tous éclatèrent de rire.

Elle reprit : « Amma affirme parfois que Ses enfants ont tort, même s'ils ont raison. Pourquoi ? Parce qu'ils doivent développer *shraddha*. Ils seront ainsi vigilants à chaque pas. Si Amma les frappait, cela n'aurait aucun effet. Ils se contenteraient de sourire. Ils disent souvent : « Nous aimons qu'Amma nous dispute un peu. Pendant ce temps, nous pouvons au moins être auprès d'Elle et La regarder. Si Elle nous bat un peu, c'est encore mieux. » Quel que soit le châtiment qu'Elle leur inflige, ils savent qu'Elle ne peut S'empêcher de sourire l'instant d'après. Alors il ne Lui reste plus qu'un seul moyen de sévir, c'est d'entamer une grève de la faim. Ils ne supportent pas qu'Amma Se passe de nourriture. »

Le silence régnait. Chacun s'émerveillait du soin et de l'affection qu'Amma accorde à Ses enfants. Il est rare de trouver l'équivalent chez la mère qui nous met au monde.

S'abandonner à Dieu

Une dévote demanda : « Amma, Tu nous dis de voir Dieu en tout, mais comment est-ce possible ? »

Amma : « Mes enfants, il s'agit de vous libérer de vos *vasanas*. Dieu doit devenir votre unique refuge. Prenez l'habitude de penser à Dieu quoi que vous fassiez. Alors, peu à peu, vous percevrez l'unité dans la diversité. »

Une jeune fille mit la tête sur l'épaule d'Amma et se mit à sangloter. Son père, conducteur de camion, n'était jamais à la maison, et sa belle-mère la poussait vers une vie immorale. Elle venait juste de sortir du lycée, mais personne ne voulait qu'elle étudie.

La jeune fille : « Amma, je n'ai personne ! Je vais rester ici et travailler. »

Les yeux d'Amma se remplirent de compassion. Elle dit : « Ma fille, Dieu est toujours là pour s'occuper de nous. Il est la source de la compassion. Il est notre vrai père et notre vraie mère. Ceux que nous appelons nos parents n'ont fait que nous élever. S'ils étaient réellement nos parents, ne nous sauveraient-ils pas de la mort ? Mais ils en sont incapables. Nous existions avant de devenir leurs enfants. Dieu est notre véritable père, mère et protecteur. »

Amma la consola et lui redonna confiance. « Rentre chez toi, ma fille et déclare fermement à ton père que tu veux étudier. Il acceptera, Amma te le promet. Ne t'inquiète pas, Ma fille, ne t'inquiète pás ! »

Une dévote : « Je veux venir Te voir tous les jours, Amma, mais je suis seule chez moi. Comment puis-je venir en laissant la maison vide ? Aujourd'hui, j'ai fermé à clé et avant de partir, j'ai confié la clé au voisin. »

Amma : « Il est bon de demander à quelqu'un de veiller sur votre maison quand vous venez ici. Il nous faut certes être attentifs aux choses extérieures. Néanmoins, des vols se produisent en dépit des verrous les plus solides et des veilleurs que nous employons. Quelle en est la raison ? En vérité, ce ne sont pas nos véritables gardiens. Le vrai vigile, c'est Dieu. Si nous Lui confions nos biens, Il restera éveillé et les protègera. D'autres que Lui s'assoupiront et les voleurs saisiront l'occasion de nous dérober nos possessions. Mais si Dieu monte la garde, nous n'avons rien à craindre !

« Imagine que nous montions dans une barque. Nous portons un sac très lourd et au lieu de le poser, nous continuons à le tenir. Voyant nos difficultés, le batelier nous dit : « Tu es dans le bateau, maintenant. Tu ne veux pas poser ton sac ? » Nous ne sommes pas prêts à le poser, nous pleurons et gémissons que le poids est trop lourd. Est-ce nécessaire ? De même, nous portons notre charge de soucis. Déposez votre fardeau aux pieds du Seigneur ! Il en prendra soin. »

Pas de temps pour la *sadhana*

Soman, un instituteur, posa la question suivante : « Amma, après l'école, il y a des quantités de choses à faire à la maison. Comment trouver le temps de faire le *japa* ? »

Amma : « Mon fils, si tu le désires vraiment, tu trouvera le temps. Tu dois être convaincu que rien n'est plus noble que le souvenir de Dieu. Alors, en dépit de tout ton travail, tu trouveras le temps. Un homme riche alla un jour voir un *guru* et se plaignit : « Maître, je n'ai aucune paix. Je suis la proie d'une inquiétude constante. Que faire ? »

Le *guru* dit : « Je vais te donner un *mantra*. Répète-le régulièrement. »

Le riche répondit : « Mais j'ai tant de responsabilités à assumer. Où trouverai-je le temps de chanter un *mantra* ? »

Le Maître demanda : « Où prends-tu ton bain ? »

« Dans la rivière. »

« Combien de temps mets-tu pour y aller ? »

« Trois minutes. »

Le *guru* dit : « Alors répète ton *mantra* entre le moment où tu quittes la maison et celui où tu arrives à la rivière. Essaye. »

Au bout de quelques mois l'homme revint, tout à fait enthousiaste. Il se prosterna et dit : « Mon agitation a disparu. Mon esprit est en paix. Je répète régulièrement le *mantra* que tu m'as donné. Je ne peux plus m'en passer ! J'ai commencé par le répéter en allant à la rivière ; puis sur le chemin du retour et pendant le bain. Ensuite je l'ai répété en allant au travail, puis au bureau dès que j'y pensais ; je psalmodie mon *mantra* en me couchant et je m'endors le *mantra* sur les lèvres. Mon souhait est désormais de le dire chaque jour un peu plus. Je suis malheureux quand je l'oublie. »

Amma reprit : « Sa pratique ininterrompue est devenue une habitude. Lève-toi tôt le matin. Dès que tu es éveillé, médite pendant dix minutes. Après ta douche, médite encore une demi-heure. Au début, il suffit de méditer pendant un court laps de temps. Tu peux ensuite vaquer à tes obligations. Avant d'aller à l'école, médite encore une demi-heure. S'il te reste du temps après la méditation, emploie-le à faire *japa*. Tu peux faire *japa* en marchant ou assis, en faisant n'importe quoi. Amma te propose cette discipline parce que tu aimes la vie spirituelle. Les débutants peuvent se contenter de méditer une demi-heure, et pratiquer le *japa* et le chant dévotionnel. »

Soman : « Amma, comment puis-je me concentrer sur Dieu ? Je suis marié depuis un an. Je dois encore rembourser l'argent que j'ai emprunté pour construire notre maison. Ma femme n'est pas en bonne santé. Quand tous ces problèmes me préoccupent, comment puis-je pratiquer le *japa* et méditer ? »

Amma : « C'est vrai. Mais à quoi sert de t'inquiéter, Mon fils ? Cela t'aidera-t-il à rembourser le prêt ? Applique-toi à ton travail. Ne perds pas de temps. Essaye de répéter ton *mantra* sans arrêt. Si tu l'oublie parfois, reprends-le dès que tu y penses. Si tu arroses les racines d'un arbre, cela nourrira les branches et les feuilles. Si tu verses de l'eau au sommet de l'arbre, cela n'aura aucun effet. Tu ne gagnes rien à t'inquiéter. Offre ton mental à Dieu ; prends refuge en Lui et tu ne manqueras de rien dans la vie. Il te donnera ce dont tu as besoin. Tes problèmes se résoudront d'une manière ou d'une autre et tu trouveras la paix. Quiconque prie Dieu et médite sincèrement sur Lui ne manquera jamais de l'essentiel. Dieu en a décidé ainsi. Amma en a fait l'expérience. Si tu ne peux rien faire d'autre, récite le Lalita Sahashranama avec amour et dévotion. Alors tu ne manqueras de rien. Mes chers enfants, quelle que soit votre fortune, vous ne trouverez pas la paix sans *sadhana*.

Si riche que vous soyez, si vous voulez dormir en paix, il vous faut prendre refuge en Dieu. Même si vous oubliez de manger, n'oubliez pas de penser à Lui.»

L'abandon total à Dieu est l'essence de l'enseignement d'Amma. Quel que soit notre fardeau, si nous le Lui abandonnons, son poids ne nous écrasera pas. C'est à la lumière de Sa propre expérience qu'Amma nous assure que Dieu prendra entièrement soin de nous. Chacune de Ses réponses à une question profane nous élève sur le plan de la dévotion et de la spiritualité. Quand la béatitude de Sa présence s'accompagne de la douceur de Ses paroles pleines d'amour, l'expérience est inoubliable. Amma Se leva, les dévots se prosternèrent avant de se lever eux aussi.

Amma à Ernakoulam

Samedi 2 novembre 1985

Amma et les *brahmacharis* passèrent la nuit dans la maison d'un dévot, Gangadharan Vaidyar, près d'Ernakoulam. Le lendemain matin, ils partirent pour la maison d'un autre dévot, à Elour. En route, ils s'arrêtèrent dans trois autres foyers.

Beaucoup de gens s'étaient rassemblés pour rencontrer Amma à Elour. Pour nombre d'entre eux, c'était la première fois. Il y avait des parents avec des enfants retardés, des estropiés, des gens sans emploi depuis des années, des chercheurs spirituels ayant besoin de conseils pour leur *sadhana*, et d'autres qui voulaient vivre une vie de *sannyasa* à l'Ashram auprès d'Amma.

Un dévot s'approcha avec son fils, qui paraissait âgé d'environ douze ans. Il se prosterna devant Amma, tirant l'enfant par le bras, et Lui dit : « Amma, ce garçon est très vilain. Il fréquente la meilleure école, mais il excelle plutôt à jouer des tours que dans ses études. Ce n'est qu'un enfant et pourtant il est allé demander à une fille de sa classe de l'épouser. Et en plus, il a battu le camarade qui est allé rapporter cela au professeur. Amma, je T'en prie, bénis-le et corrige-le. »

Amma embrassa le garçon et dit : « Qu'y a-t-il, fils ? Ton père dit-il la vérité ? » Elle avait un doigt levé devant le nez (en Inde, cela indique la honte). Le garçon avait honte et voulait échapper à l'étreinte d'Amma. Mais Elle ne le laissa pas partir. Elle le fit asseoir sur Ses genoux, lui donna une pomme et l'embrassa sur la joue. Elle ne put parler longtemps à son père, car Elle ne passa que peu de temps dans cette maison. Elle lui donna la permission de venir La voir plus tard. Il se prosterna de nouveau et partit.

Amma était déjà en retard : Elle devait mener les *bhajans* dans un temple voisin dédié à Krishna. Cependant, Elle ne Se leva pas avant que tout le monde eût reçu le *darshan*.

Après les *bhajans*, Amma avait encore promis de Se rendre dans quelques maisons. Il était très tard quand Elle rentra à Ernakoulam, dans la maison de Vaidyar. Elle avait prévu de retourner à l'Ashram, mais céda devant l'insistance des dévots et resta pour la nuit.

Celui qui était venu La voir auparavant avec Son fils L'attendait chez Vaidyar ; il avait perdu espoir de La revoir cette nuit-là, car il était déjà très tard. Il vit soudain un *brahmachari* qui lui faisait signe : Amma l'appelait. Il approcha donc et se prosterna.

Dévot : « Je n'espérais plus voir Amma ce soir. »

Amma : « Amma avait prévu de partir, mais Elle est restée parce que Ses enfants ont insisté. D'autres L'attendent à Haripad. Nous les verrons demain, sur le chemin du retour. Quand Amma est arrivée, Elle a senti que tu étais malheureux. Mon fils, ne t'inquiète pas au sujet de ton garçon ; son espièglerie disparaîtra avec l'âge. »

Un dévot : « Mais, Amma, les enfants d'aujourd'hui font des choses dont je n'aurais jamais rêvé quand j'étais enfant. J'ai beau y réfléchir, je n'en comprends pas la raison. »

Enseigner le *dharma* dès l'enfance

Amma : « Mon fils, dans les temps védiques, les enfants grandissaient dans des *guru*kulas sous la surveillance directe d'un *guru*. Ils vivaient avec le Maître et on leur enseignait à le respecter ; ils apprenaient comment se comporter envers leurs parents et vivre dans le monde. On leur parlait de l'essence de Dieu. L'enseignement n'était pas pure théorie, ils le pratiquaient. Le service du *guru*, *tapas* et l'étude des Écritures étaient les bases de leur éducation. Cette époque engendrait des êtres tels qu'Harichandra.

« Qui était Harichandra ? Il démontra que sa parole avait pour lui plus de prix que sa fortune, sa femme et son enfant. C'est l'idéal que nos ancêtres nous ont transmis. C'était le résultat de leur éducation. Quand les enfants rentraient de la *gurukulas*, leur éducation achevée, et entraient dans l'état de *grihasthashrama*, leurs parents leur confiaient la responsabilité de la maisonnée et adoptaient l'état de *vanaprastha* (c'est-à-dire qu'ils se retiraient dans la forêt). Même un roi se drapait d'une pièce de tissu et partait dans la forêt pour se livrer à des austérités. Il ne gardait aucun des attributs-pièges de la royauté. Ils avaient toujours à l'esprit l'idéal de *sannyasa*. À l'époque, la plupart des gens avaient le désir de tout abandonner pour mener une vie de *sannyasa*. Grâce à cette culture, les enfants étaient fermement ancrés dans le *dharma* et adultes, ils étaient remplis de courage. Quelles que soient les circonstances, ils avançaient sans trébucher. »

Le dévot : « Mais Amma, c'est le contraire maintenant. La décadence de notre culture s'accentue de jour en jour. »

Amma : « Comment les enfants d'aujourd'hui pourraient-ils développer des qualités ? Très peu de chefs de famille respectent les principes de leur état. Comment seraient-ils capables d'insuffler de la vertu à leurs enfants. Autrefois, les chefs de famille menaient la vie de vrais *grihasthashramis*. Malgré le travail, ils trouvaient le temps de pratiquer des austérités. Ils ne croyaient pas que la vie consistait à manger et à boire. Ils mangeaient pour vivre. Ils prodiguaient de bons conseils à leurs enfants et donnaient l'exemple en s'y conformant. Mais qui donc, aujourd'hui, vit de cette manière ? Où sont les *gurukulas* ? Dès la maternelle, les enfant crient des slogans politiques. Il y a de la politique et même des grèves dans les écoles. On voit des enfants prêts à tuer les membres de partis adverses. Ils sont élevés d'une manière très destructrice.

« Le fils, dont le devoir serait de soigner son père vieux et malade, de le réconforter, demande au contraire sa part des biens familiaux. Quand on effectue le partage de la propriété, l'héritage de son frère contient quelques cocotiers de plus que le sien, alors il tire un couteau pour poignarder son père. Le fils est prêt à tuer son père pour quelques cocotiers !

« Mais quel exemple nous ont donné Sri Rama et tant d'autres ? Pour honorer la parole de Son père, Sri Rama était prêt à abandonner le royaume. Et Son père, Dasaratha, n'a pas failli à sa parole. Il a tenu la promesse faite à sa femme, Kaikeyi, dont le grand sacrifice l'avait impressionné : sur le champ de bataille, elle avait risqué sa vie pour le sauver. Ni sa beauté, ni l'amour qu'elle lui témoignait n'étaient à l'origine de cette promesse. Il ne revint pas sur ce serment pour un motif égoïste, et Rama accepta la parole de Son père de manière inconditionnelle.

« Que dire de Sita ? Fit-Elle un scandale quand Rama décida de partir pour la forêt ? Elle ne Lui déclara pas : « Ne vas pas dans la forêt. Tu es l'héritier de droit de ce royaume. Tu dois t'en emparer par n'importe quel moyen. » Quand Son mari partit, Elle Le suivit tranquillement. Son frère Lakshmana Les accompagna également. Et quel exemple nous laissa Bharata ? Il ne dit pas : « Ils sont partis. Maintenant je peux régner sur le royaume. » Il partit à la recherche de son frère. Il obtint les sandales de Rama, les ramena et les mit sur le trône pour indiquer qu'il ne régnait qu'au nom de Rama.

« Voilà ce qui se produisait autrefois. Ce sont-là les modèles que nous devrions imiter. Mais qui se soucie aujourd'hui de ces valeurs ou les met en pratique ? Les anciens nous ont enseigné les principes de la spiritualité, mais nous les négligeons. Nous voyons maintenant le résultat. Quelle sorte de culture les enfants reçoivent-ils aujourd'hui ? Partout on ne voit que la télé et les films. Il n'est question que d'idylle, de sexe, de mariage et de violence. Les magazines et les livres ne traitent pour la plupart que de sujets profanes. C'est ce que les enfants voient et lisent. C'est la culture dont ils s'imprègnent aujourd'hui. Cela ne produira que des êtres semblables au tyran Kamsa. À l'avenir, nous ne verrons que rarement des émules d'Harichandra.

« Si nous voulons changer cette tendance, nous devons accorder beaucoup d'attention à nos enfants. Il faut choisir leurs lectures avec soin ; donnons-leur ce qui les aidera dans leurs études ou ce qui traite de sujets spirituels. À nous d'insister pour qu'ils se cultivent dans ce domaine. Cette culture (fondée sur des principes spirituels) les accompagnera dans leur vie adulte. Même s'ils agissent mal, ils le sauront au fond d'eux-mêmes et finiront par le regretter ; cela les aidera à changer.

« Beaucoup d'enfants regardent la télé, les films commerciaux. Ils rêvent ensuite d'un mariage tel qu'il est dépeint dans les films. Combien de gens peuvent mener la vie heureuse, luxueuse, des héros de ces histoires ? Les enfants grandissent, se marient et découvrent qu'ils ne peuvent réaliser leur rêve. Ils sont déçus, et cela crée un fossé entre les époux. Une jeune femme est venue un jour voir Amma. Elle s'était mariée jeune et était déjà divorcée. Quand Amma lui en a demandé la raison, elle a raconté son histoire. Elle avait vu un film dont les personnages étaient des gens riches, possédant une grande maison, une voiture et des vêtements de luxe. Dans le film, ce couple allait à la plage tous les soirs et leur vie s'écoulait dans la joie. La jeune fille s'était mise à rêver à tout cela.

« Elle fut bientôt mariée, mais le salaire de son mari était modeste. Il n'avait pas assez d'argent pour mener le style de vie que sa femme désirait. Elle voulait une voiture, et de plus en plus de saris, aller tous les jours au cinéma, etc. Elle était toujours déçue. Que pouvait faire le pauvre mari ? Ils finirent par se disputer et en vinrent même aux coups. Ils étaient malheureux tous les deux. Le mariage fut donc dissout, et cela les plongea dans un désespoir encore plus grand. Ils regrettaient ce qui était arrivé. Mais que pouvaient-ils faire ?

« Songez aux époques révolues. Autrefois, le mari et la femme étaient prêts à mourir l'un pour l'autre. Ils s'aimaient vraiment. Bien que les deux corps fussent distincts, les cœurs ne faisaient qu'un. Mes enfants, l'amour et l'altruisme sont les ailes de la vie conjugale. Grâce à eux, il nous est possible de prendre notre essor pour planer haut dans le ciel de la joie et du contentement. »

Amma est attentive à ce que d'autres pourraient considérer comme sans importance. Sans souci de Son confort ou de Son bien-être, Elle accorde à Ses enfants toute Son attention, suggérant des solutions à leurs problèmes.

Le dévot, qui avait écouté attentivement Ses paroles, déclara : « Dès que je serai rentré, je veux mettre en pratique tout ce que Tu as dit. Donne-moi Ta bénédiction, Amma ! »

Amma : « Mon fils, aucune parole, aucune action n'est vaine si elle est accompagnée de *shraddha*. Le bénéfice t'en reviendra demain, sinon aujourd'hui.

« Amma sème les graines et avance. Quelques-unes germeront demain, d'autres après-demain. Pour certaines, cela demandera des années. Même si personne ne nous entend, Mère Nature enregistre chacune de nos prières, pourvu qu'elle soit sincère. Faites l'effort, Mes enfants. Amma est avec vous ! »

Les enfants handicapés — d'où vient leur *karma* ?

Dimanche 3 novembre 1985

Amma et les *brahmacharis* quittèrent la maison de Gangadharan Vaidyar à six heures trente du matin. En route, les *brahmacharis* se mirent à parler des handicapés mentaux qui étaient venus voir Amma la veille.

« La condition de ces enfants est déplorable ! Leurs corps grandissent, mais leur esprit ne se développe pas. Quelle vie ! »

« Le sort de leurs parents est encore plus lamentable. Ont-ils la moindre liberté ? Comment pourraient-ils laisser leur enfant pour aller quelque part sans s'inquiéter ? »

« Est-ce le *prarabda* de l'enfant ou celui des parents ? »

Ils décidèrent finalement de poser la question à Amma. Elle avait écouté leur conversation d'une oreille attentive.

Amma : « Ces enfants vivent plus ou moins dans un rêve. Ils n'ont pas conscience de la souffrance que nous percevons en eux. S'ils en étaient conscients, ils déploreraient leur sort en songeant : « Hélas ! Pourquoi suis-je venu au monde dans cet état ? » Mais ils n'ont pas cette perception. Ce sont les familles qui souffrent ; ce sont elles qui sont confrontées aux difficultés. Il nous faut donc considérer qu'il s'agit essentiellement du *prarabda* des parents. »

Bri : « Pauvres parents ! Que peuvent-ils espérer dans cette vie ? Que pouvons-nous faire pour eux ? »

Conseils aux *brahmacharis*

Amma : « Mes enfants, la compassion que vous éprouvez à leur égard suffira à leur apporter la paix et contribuera à ouvrir votre cœur. Éprouvons de la sympathie pour ceux qui souffrent. Plus le puits est profond, plus il peut contenir d'eau. Seule la compassion permettra à la source, le *Paramatman*, de jaillir. C'est grâce à la compassion que ce principe suprême s'éveille en nous.

« Il y a des gens qui vont s'asseoir pour méditer en songeant aux moyens de se venger. Mes enfants, pour construire une maison, il ne suffit pas d'empiler des briques. Il faut du ciment pour les assembler. Ce ciment est l'amour. Il est impossible d'émailler un récipient sale ; il faut d'abord le nettoyer. Ainsi, la dévotion ne peut germer que dans un mental pur ; nous pourrons alors goûter la présence de Dieu. Voyez l'exemple de Kouchela. Ses enfants étaient affamés et il sortit pour aller mendier de la nourriture. Comme il revenait, quelqu'un d'autre tendit la main, se lamentant sur la famine dont souffrait sa famille. Kouchela donna la nourriture qu'il avait reçue.

« Connaissez-vous l'histoire du sage Dourvasas et du roi Ambarisha ? Le sage alla trouver Ambarisha dans le but de lui faire rompre son vœu. S'il y parvenait, il avait l'intention de maudire le roi. Mais Ambarisha était un dévot sincère. Bien que Dourvasas se mît très en colère contre lui, Ambarisha ne réagit pas et conserva l'attitude d'un humble serviteur du sage. Il était conscient de ses pouvoirs, mais il ne s'opposa pas au sage. Les mains jointes, il le pria : « Je t'en prie, pardonne-moi si j'ai commis une faute. J'essayais seulement de rester fidèle à mon vœu. Pardonne mon ignorance. » Dourvasas ne lui pardonna pas. Il décida au contraire de le tuer ; mais avant qu'il puisse mettre son projet à exécution, le *sudarshana chakra* du dieu Vishnou vint au secours d'Ambarisha. Terrifié par cette arme divine, Dourvasas partit en courant implorer l'aide des dieux. Quand il fut parti, Ambarisha ne songea pas : « Bon, il est parti, je vais pouvoir manger tranquillement. » Dourvasas ne put obtenir aucun secours des devas. Il ne lui restait rien d'autre à faire qu'à prendre refuge en Ambarisha lui-même. Quand le sage vint lui demander pardon, le roi était encore prêt à lui laver les pieds et à boire cette eau. Dieu est tout entier avec de tels êtres ; Il aide quiconque manifeste une telle humilité. Les gens qui pensent : « Je veux être heureux ; je veux être riche ; je veux la libération ! », ne trouveront pas Dieu à leurs côtés. »

Amma marqua une pause, regardant silencieusement par la petite fenêtre à droite du véhicule qui filait, laissant derrière lui arbres et maisons ; un camion les dépassa en klaxonnant. Les regards étaient fixés sur Amma. Un *brahmachari* rompit le silence en appelant : « Amma ! »

« Oui, que veux-tu ? », répondit Amma d'un ton détaché.

Le *brahmachari*, d'une voix encore plus basse, dit : « Je suis désolé de T'avoir mise en colère l'autre jour. »

Amma : « C'est du passé, pourquoi t'en inquiéter maintenant ? Amma a tout de suite oublié. N'est-ce pas l'amour seul qui Lui a fait prendre un ton sévère ? »

Il se mit à pleurer. Amma essuya ses larmes avec Son sari et lui dit : « Ne t'inquiète pas, mon enfant chéri. »

Quelques jours plus tôt, Amma lui avait demandé de nettoyer la véranda devant le *kalari*. Mais dans sa hâte de voyager avec Elle, il avait oublié de le faire. En partant, Amma remarqua que l'endroit était toujours sale. Elle fit appeler le *brahmachari* et le réprimanda sévèrement. Puis Elle Se mit à nettoyer Elle-même. Voyant cela, d'autres vinrent L'aider, pendant que le *brahmachari* gardait la tête baissée, honteux. Amma n'avait quitté l'Ashram qu'après avoir tout nettoyé.

Amma reprit : « Quand Amma Se montre sévère, Elle n'est pas vraiment en colère ; Son intention est de vous empêcher de devenir égocentriques. Amma aimerait accomplir Elle-même toutes ces besognes, Elle aimerait le faire tant qu'Elle est en bonne santé, mais Son mental est souvent au-delà de ce plan de conscience, Elle a donc tendance à oublier. C'est pour cette raison qu'Elle vous demande de faire attention à certaines choses. Amma aimerait laver Ses vêtements Elle-même. Aujourd'hui encore, Elle essaye, mais Gayatri ne La laisse pas faire. Amma ne veut donner du travail à personne.

« Elle aime servir et non être servie. Elle n'a besoin d'aucun service, mais il Lui faut cependant parfois accepter, pour le bonheur des dévots. Même alors, Elle ne songe qu'à votre bien.

« Mes enfants, vous avez plus de chance que la plupart des gens. Vous n'avez aucun souci à vous faire ; Amma est là pour S'occuper de vos problèmes. Elle est là pour écouter et pour vous consoler quand vous Lui confiez vos souffrances. On dit qu'un chercheur ne doit pas aller dans le monde avant d'avoir réalisé le Soi. Mais cela ne vaut pas pour ceux qui ont trouvé un *satguru*. Un disciple envoyé par un sat*guru* n'a rien à craindre. Il le protégera. »

Un *brahmachari* qui écoutait demanda : « Tu as souvent déclaré qu'il était possible de réaliser le Soi en trois ans. Quel genre de *sadhana* conseilles-Tu pour cela ? »

Qui est prêt pour la Réalisation ?

Amma : « Qui est animé d'un désir ardent n'a pas besoin de trois ans. Il atteint son but en moins de temps qu'il ne faut pour percer une feuille de lotus avec une aiguille. Mais l'intensité de son désir doit être extrême. À chaque respiration, il s'écrie : « Où es-Tu ? » Il est dans un état où il ne peut plus vivre sans Dieu.

« Certaines personnes ne parviennent à aucun résultat au bout de cinquante à soixante années d'austérités. Si vous suivez les indications d'Amma, vous parviendrez sans aucun doute à la réalisation en trois ans. Mais pour cela, *shraddha*, une véritable *lakshya bodha* et une concentration parfaite sur le but sont nécessaires. Amma envisage le cas de chercheurs munis de ces qualités. Si vous montez dans un omnibus, vous ignorez quand vous parviendrez à destination, car il effectue de nombreux arrêts. Mais s'il s'agit d'un express, vous pouvez prédire l'heure d'arrivée, car il ne multiplie pas les arrêts en route. Nous ne pouvons jamais être certains de ceux dont le détachement ne dure que deux jours.

« Mon fils, quand l'idée que tu es né meurt, c'est la réalisation du Soi. Quand tu es conscient d'être pure existence, sans naissance, croissance ni mort, c'est la réalisation. Tu ne trouves cette conscience nulle part ailleurs. Pour y parvenir, il est nécessaire de contrôler le mental.

« Savez-vous à quoi ressemblait la vie d'Amma ? Quand Elle balayait la cour, Elle n'y laissait même pas Ses empreintes. Si Elle les voyait, Elle les effaçait avec le balai. Car quand tout est propre, les empreintes de Dieu doivent apparaître les premières ! Elle avait la certitude que Dieu marchait dans la cour. S'il Lui arrivait d'inspirer sans penser à Dieu, Elle Se bouchait le nez pour arrêter de respirer, Se rappelait Dieu et recommençait ensuite à respirer. En marchant, Elle ne faisait pas un pas sans d'abord Se souvenir de Dieu. Si Elle y manquait, Elle faisait un pas en arrière, pensait à Dieu, puis avançait.

« Connaissez-vous l'histoire de l'homme des bois qui partit à la recherche du lion de son *tambran* ? *(i.e. Narasimha, incarnation du dieu Vishnou ; son corps est celui d'un humain, mais il a la tête d'un lion. Pour cette histoire, cf. Éveillez-vous, Mes enfants, tome IV)*. Nous devrions être possédés de la même ardeur et chercher sans arrêt : « Où es-Tu ? Où es-Tu ? » L'intensité de notre quête engendrera une chaleur telle que Dieu ne pourra pas rester indifférent ; il Lui faudra apparaître devant nous.

« Avant de commencer à méditer, Amma décidait combien d'heures Elle resterait assise. Elle ne Se levait pas avant. Si cela Lui était impossible, Elle S'en prenait à Mère Nature, grondant contre cette Mère, prête à La battre. La nuit, Elle ne dormait pas. Si Elle avait sommeil, Elle restait assise à pleurer. En général, Elle n'avait pas envie de dormir. Quand arrivait l'heure de se coucher, Elle S'affligeait en songeant qu'une journée de plus était passée en vain. Amma ne peut même pas en supporter le souvenir. C'était si difficile. »

Bri : « Mais si une personne normale ne dormait pas, cela ne perturberait-il pas sa méditation ? »

Amma : « Qui a soif de connaître Dieu ne peut cesser un instant de songer à Lui. Il n'a pas envie de dormir, ni même de s'allonger. Et s'il le fait, la souffrance le gardera éveillé. Amma pense à de telles personnes. Pour ceux qui sont détachés et dont l'unique désir est de connaître Dieu, *tapas* est le vrai repos, que rien ne surpasse. De tels êtres n'ont pas vraiment besoin de sommeil. Notre but est d'atteindre cet état. »

Bri : « La Gita n'affirme-t-elle pas que quiconque dort trop ou pas assez ne parviendra pas à l'état de yoga (union avec le Divin) ? »

Amma : « Amma ne vous conseille pas de renoncer totalement au sommeil. Dormez le temps nécessaire, mais pas plus. Un *sadhak* qui se rappelle son but ne peut pas dormir. Il ne s'allonge pas. Il continue son *japa* et s'endort sans s'en apercevoir. Un étudiant qui prépare un examen n'a pas envie de dormir. Il veille pour étudier. L'étude devient sa seconde nature. C'est l'attitude naturelle du *sadhak*.

« Les enfants qui aiment vraiment Amma devraient assimiler les principes qu'Elle enseigne. Ils devraient être prêts à tout sacrifier pour vivre en accord avec eux. Ceux-là aiment réellement Amma. Leur but est de rester fidèles à ces principes sans faillir, fût-ce au prix de leur vie. Mais ceux qui se contentent de répéter « Amma, je T'aime » ne L'aiment pas vraiment.

« Un roi avait deux serviteurs. L'un d'entre eux ne le quittait pas, sans jamais s'acquitter de ses devoirs. L'autre passait ses journées à effectuer le travail que lui donnait le roi. Il trimait sans manger ni dormir, sans s'inquiéter si le roi le voyait ou était au courant. Lequel des deux était le meilleur serviteur ? Lequel était le plus apprécié du roi ? »

La véritable nature d'Amma

Amma reprit, expliquant Sa nature : « La rivière coule spontanément. Elle purifie tout ce qui s'y jette. Elle n'a pas besoin de l'eau d'une mare. Vous n'avez pas besoin d'aimer Amma pour Elle-même. Elle aime chacun de vous. Mais pour votre bien, il arrive qu'Elle ne montre pas Son amour. Extérieurement, Amma ne manifeste aucun amour envers Gayatri. Cependant, quand celle-ci n'est pas là, la seule pensée de Gayatri, de son dur labeur et de sa souffrance fait monter les larmes aux yeux d'Amma. Ce qu'Amma aime, c'est le mental de Gayatri, ce sont ses actions. Cet amour est spontané, Amma ne le crée pas consciemment. Mais Elle ne le manifeste pas une seule seconde. Elle critique sans merci tout ce que Gayatri touche ou fait. La plupart du temps, Elle ne l'appelle même pas *mol* (fille).

« Amma pense souvent : « Suis-je vraiment si cruelle ? Ne puis-Je montrer aucune compassion envers Gayatri ? Je ne cesse de la faire souffrir ! Même si Amma décide un soir d'exprimer Son amour envers Sa fille, le lendemain, Elle finit par la réprimander pour une raison ou une autre. Il Lui est arrivé de la réveiller, de la faire lever, de la mettre dehors et de fermer la porte. Elle l'a punie de bien des manières, mais cela ne signifie pas qu'Elle ne l'aime pas. Amma observe son mental. Mais Gayatri n'a jamais vacillé. C'est cela, *prema*. »

Servir dans le monde : les règles à observer

Le *brahmachari* Paï posa alors une question : « Amma, Tu as souvent dit qu'un *sadhak* ne devrait pas avoir de liens étroits avec des laïcs, que nous ne devrions pas porter leurs vêtements, utiliser leurs affaires ou entrer dans leur chambre. Comment servir en respectant ces règles ? »

Amma : « Il n'y a aucun mal à servir, mais il s'agit de rester vigilant. Il est vrai que tout est le Soi, que tout est Dieu et qu'Il est présent en tous et en tout. Mais il faut agir avec discernement, selon les circonstances. Quand un *sadhak* se rend dans une maison, il doit éviter d'entrer dans les chambres. Si vous allez dans un endroit où l'on manipule du charbon, même si vous n'y touchez pas, vous serez couvert de poussière noire. On dit que sur le site de Kouroukshetra, on peut encore entendre l'écho de la bataille qui s'y est déroulée il y a plusieurs millénaires. Les chambres des laïcs vibrent de leurs pensées. Si vous y demeurez, ces vibrations entreront dans votre subconscient et tôt ou tard, vous en subirez les effets. Si vous vous rendez chez un dévot, passez le plus de temps possible dans la salle de *puja*. Que ce soit l'endroit où vous vous entretenez avec les membres de la famille. Dans la conversation, évitez les sujets profanes et ce qui n'est pas bénéfique d'un point de vue spirituel. Les discussions inutiles sont comme un tourbillon :

elles tireront votre mental vers un niveau de conscience inférieur sans même que vous vous en aperceviez. Les vêtements contiennent les vibrations des pensées de ceux qui les portent. Les *sadhaks* ne doivent donc pas mettre les vêtements des laïcs. Il n'est pas bon non plus d'utiliser leur savon. Si vous prêtez le vôtre, mieux vaut ne pas le reprendre. Emportez toujours avec vous les vêtements nécessaires et votre *asana*.

« Un *sadhak* ne devrait pas garder de liens indissolubles avec quiconque, surtout pas avec des chefs de famille. Mais veillons à ne blesser personne par notre conduite. S'ils insistent, expliquez vos motifs en quelques mots, en souriant. Arrivé à un certain niveau de *sadhana*, le chercheur ne sera plus guère affecté par tout cela, pas plus que la pluie ne dérange la feuille de lotus. Mais nous devons toutefois toujours rester vigilants. »

Amma arriva à Haripad vers midi, après S'être arrêtée chez quelques dévots et à l'ashram d'Ernakoulam. Le professeur N.M.C. Warrier et sa famille L'avaient attendue toute la nuit, car Elle avait annoncé qu'Elle viendrait dans la nuit. Comme ils avaient décidé de ne rien manger avant Son arrivée, ils étaient tous à jeun. Amma leur avait fourni ainsi l'occasion d'une bonne méditation. Dieu est prêt à tout pour fixer le mental de Ses dévots sur Lui. Pour souhaiter la bienvenue à Amma, le fils de la famille avait dessiné sur le sol quelques *kalams* (dessins traditionnels tracés avec de la farine de riz et de la poudre de turmeric) et allumé une lampe à huile au centre. Amma regarda attentivement les motifs et dit : « Il y a une petite erreur ici. Il faut éviter cela lorsqu'on dessine un *kalam*. On dit qu'une faute dans le *kalam* annonce un conflit au sein de la famille. Nous devons tracer ces motifs avec un certain *sankalpa*. Mon fils, exerce-toi d'abord avec du sable. Prends les mesures et vérifie que le dessin est correct. Quand tu te seras assez entraîné, alors dessine le *kalam*. Il n'y a rien de mal dans ce *kalam*, parce que ton cœur était pur, rempli d'amour et de dévotion pour Amma. Mais la prochaine fois, fais attention. »

Amma Se rendit encore dans cinq autres maisons de Haripad. Où qu'Elle aille, les voisins L'invitent aussi. Quel que soit son état de fatigue ou l'insistance d'autres personnes pour qu'Elle Se repose, Elle accepte. Les dévots, ravis que la poussière des pieds d'Amma vienne sanctifier leur maison, ont tendance à oublier Ses difficultés.

Arrivée à l'Ashram, Elle découvrit que de nombreux visiteurs L'attendaient depuis le matin. Bien qu'Elle fût physiquement très fatiguée, Elle ne changea pas les horaires habituels du *Bhava darshan*.

Lundi 4 novembre 1985

À trois heures de l'après-midi, Amma était dans la chambre de Sri Koumar, assise près de lui sur son lit. Il avait la fièvre depuis deux jours. Un *brahmachari* apporta un récipient rempli d'eau chaude, afin qu'il puisse prendre une inhalation. Une feuille de bananier était attachée sur l'ouverture du pot.

Amma : « Assieds-toi par terre, fils. Respire un peu de vapeur et tu iras mieux ensuite. »

On étala une natte sur le sol et Amma aida Sri Koumar à s'asseoir sur le lit. Lui tenant la main, Elle le fit asseoir sur la natte. Il était couvert d'un drap épais.

Amma : « Mon fils, maintenant déchire la feuille de bananier. Prends de la vapeur jusqu'à ce que tu sois bien en sueur et la fièvre partira. »

Quelques dévots, venus pour le *darshan* d'Amma, entrèrent dans la hutte en apprenant qu'Elle y était.

Amma : « Mon fils Sri a la fièvre depuis deux jours. Amma a pensé à lui faire faire une inhalation. Quand êtes-vous arrivés, Mes enfants ? »

Une femme : « Il y a un moment. Mais nous venons juste d'apprendre que Tu étais là. »

Amma ôta le drap qui couvrait Sri Koumar. Il avait suffisamment transpiré. Elle l'aida à remonter sur le lit et à s'allonger. Amma s'entretint avec les dévots. Après quelques propos préliminaires, la conversation prit un tour plus sérieux.

Védanta — Le vrai et le faux

Un dévot : « Amma, un de mes amis est venu me voir l'autre jour. Il est amoureux de la femme d'un ami. Comme nous en discutions, il a déclaré : « Kabirdas a bien donné sa femme à qui la lui demandait. Qu'y a-t-il donc de mal à cela ? »

Amma : « Mais Kabirdas abandonna joyeusement son épouse à celui qui la désirait. Il n'a pas trahi un ami en lui volant sa femme. Que notre amateur de Védanta essaye donc de demander à son ami s'il est prêt à lui céder sa femme. S'il le fait, nous pourrions bien ne plus jamais le revoir. » Amma rit.

« Kabir était un juste. À ses yeux, le *dharma* était plus important que sa femme ou que lui-même. Il n'hésita pas. Il avait l'habitude de donner tout ce qu'on lui demandait. Il ne s'écarta pas de son *dharma*, même quand on lui demanda sa femme. Mais une épouse a son propre *dharma*. Une femme qui est vraiment dévouée à son mari ne regardera même pas un autre homme. Après avoir enlevé Sita, Ravana essaya de La tenter de bien des manières, mais rien ne put ébranler sa fidélité. Elle ne pensait qu'à Rama. Elle avait décidé de ne pas céder à un autre homme, fût-ce au prix de Sa vie. Tel est le *dharma* d'une épouse.

« L'action de Kabir est le signe d'une âme libérée. Il avait renoncé à toute notion de « moi » et de « mien ». « Tout est le Soi, tout est Dieu, » telle doit être l'attitude d'un être spirituel. Il devrait considérer que tout est Dieu ou que tout est son propre Soi. S'il adopte le premier point de vue, tout est Dieu ; il n'est donc pas question de haïr quiconque ou de se mettre en colère : on ne peut qu'adorer. S'il adopte le second, rien n'est distinct de son propre Soi, il n'y a pas d'autre. Ôtez les bornes qui séparent deux champs, et ils ne font qu'un. Nous nous voyons en tout. Comme la main droite va soigner la main gauche blessée, nous considérons la souffrance d'un autre homme comme la nôtre et nous venons à son aide. »

Un *brahmachari* partait quelques jours à Ernakoulam pour faire des achats. Il prit un parapluie dans la hutte. Comme il n'avait pas de poignée et que la couleur de l'étoffe était un peu passée, le *brahmachari* le reposa. Derrière la porte était accroché un parapluie neuf. Il choisit donc celui-là. Il se prosterna devant Amma et sortit, prêt à partir.

Amma le rappela. Elle lui enleva le parapluie neuf et lui demanda de reprendre le vieux. Sans hésiter, le *brahmachari* s'exécuta et partit. Tout le monde restait perplexe devant ce comportement, mais quand on Lui en demanda la raison, Amma répondit : « Il ne voulait pas du vieux parapluie, il voulait le neuf. Le mental d'un *brahmachari* ne doit pas se laisser séduire par les apparences. C'est pour vous détacher du luxe que vous vivez à l'Ashram. »

Peu après, Amma demanda à quelqu'un de rappeler le *brahmachari*. Elle reprit le vieux parapluie et lui rendit le neuf. Il se prosterna, puis se releva.

Amma : « Mon fils, un chercheur spirituel ne doit pas rechercher la beauté extérieure, qui est périssable et risque de l'entraîner à sa perte. Il devrait considérer la beauté intérieure, qui est éternelle. Cela lui permettra de croître. Il ne peut progresser que s'il ne se laisse pas prendre aux pièges extérieurs. Amma te rend le parapluie neuf, parce qu'Elle a pu observer chez toi une attitude d'abandon qui te permet d'accepter le bon comme le mauvais avec équanimité. Tu as choisi le beau parapluie pour obtenir l'approbation d'autrui, n'est-ce pas ? Ne te laisse pas séduire par les louanges. Si tu attends un certificat d'approbation des autres, tu n'obtiendras pas celui de Dieu. Or c'est celui-là qu'il nous faut. Pour cela, il est nécessaire de retirer le mental des objets extérieurs pour le tourner vers l'intérieur. Il s'agit de chercher et de découvrir ce qui est à l'intérieur.

« Je ne néglige aucun aspect de la vie de Mes enfants. J'examine même les détails. Qui d'autre qu'Amma est là pour corriger vos plus petites fautes ? Mais votre attention ne devrait pas se porter sur le vernis extérieur. Votre mental doit être concentré sur Dieu. »

« Si Amma est là pour prendre soin de tout, y compris de

ce qui semble insignifiant dans la vie de Ses enfants, pourquoi accorderaient-ils de l'attention aux objets extérieurs ? Tel est le point de vue d'Amma. »

Bhakti bhava

Amma : « Après ces deux ou trois jours de voyage, Amma n'a plus de voix. Nous n'avons pas eu le temps de nous reposer. Il est maintenant difficile pour Amma de chanter des *bhajans*. Elle n'a jamais eu autant de mal, depuis toutes ces années. À quoi sert d'avoir une langue, si on ne peut chanter les *bhajans* ? »

Brahmachari : « Tu as pris sur Toi le *prarabda* de ceux qui sont venus au *darshan* à Elour, Amma. Il y avait beaucoup de malades, et ils sont repartis soulagés, avec le sourire. »

Amma : « Si ma souffrance est le résultat de leur *prarabda*, si J'endure la douleur à leur place, alors Je ne suis pas triste. Après tout, quelqu'un d'autre est guéri. Malgré tout, Je ne peux rester une journée sans prononcer le nom de Dieu. »

Amma Se mit soudain à pleurer. Les larmes roulaient sur Ses joues ; incarnation de la dévotion, Elle Se lamentait, le cœur déchiré de ne pouvoir chanter le nom de Dieu. Baignant dans la pourpre du crépuscule, l'atmosphère semblait refléter Son chagrin. Sous l'effet de cette suprême dévotion, Son visage paraissait rayonner d'un éclat encore plus lumineux. Ses sanglots se calmèrent peu à peu. Amma glissa dans un état de *samadhi* qui dura une heure.

Quelle leçon sur la manière d'appeler Dieu et de pleurer pour Lui ! Un moment après Son extase, Amma alla au *kalari* pour Se joindre aux *bhajans*.

Kannante kalocha...

On entendit les pas de Kanna (Krishna)
Lors d'une nuit de lune argentée.
Au son des notes de la flûte,
Mon mental se perdit dans un rêve doré.

Devant ce clair de lune pur et lumineux,
Ô fragrance de l'hiver,
En voyant ce sourire de miel,
Mon mental rayonne de félicité,
Ô Kanna.

J'ai d'innombrables histoires à te raconter.
Kanna, je T'en prie, ne pars pas !
Viens te baigner dans le lac de béatitude
Qu'est devenu mon mental.

Quand Amma rentra dans Sa chambre, un *brahmachari* L'attendait. Il avait les yeux gonflés, son visage était méconnaissable.

Amma : « Que t'arrive-t-il, Mon fils ? »

Brahmachari : « Cela a commencé ce matin. Mon visage est enflé. »

Amma : « Il n'y a rien à craindre. Un peu de poussière est entrée dans tes yeux. C'est la cause du problème. »

Amma demanda à une *brahmacharini* de Lui apporter un peu d'eau de rose. Puis Elle dit au *brahmachari* de s'allonger et lui donna Son oreiller pour qu'il y pose la tête. Mais il était réticent.

Amma : « Le vrai respect pour Amma ne consiste pas à

s'abstenir d'utiliser ces objets parce qu'ils Lui appartiennent. Amma ne voit pas les choses ainsi. Le signe de votre respect pour Elle, c'est votre obéissance. »

Elle lui mit la tête sur l'oreiller et lui versa de l'eau de rose dans les yeux. Puis Elle lui ordonna de rester un moment allongé, sans bouger.

Brahma Muhurta

Vendredi 8 novembre 1985

L'étoile du matin se levait. Les *brahmacharis* aussi et la lumière filtrait par les interstices dans les murs en feuilles de cocotier tressées des huttes. Amma passa devant chaque hutte, une lampe de poche à la main, pour vérifier que Ses enfants étaient levés. La plupart des *brahmacharis* avaient pris leur douche. On pouvait entendre résonner les *mantras* védiques.

Dans l'une des huttes, il n'y avait pas de lumière. Amma regarda à l'intérieur avec la lampe électrique. Le *brahmachari* dormait à poings fermés. Amma tira d'un coup sec un coin du drap qui l'enveloppait. Il se tourna de l'autre côté, attrapa le drap et se recouvrit. Amma S'amusait beaucoup. De nouveau, Elle tira le drap. Il repoussa la main qui tenait le drap et se recroquevilla. Amma sortit chercher un verre d'eau et lui en aspergea le visage.

Il se leva d'un bond et chercha du regard, furieux, qui avait osé le tirer de son sommeil matinal. Il vit devant lui deux yeux perçants. Bien qu'à moitié endormi, il ne lui fallut pas longtemps pour reconnaître la forme vêtue de blanc. Il se mit à trembler. Quand Amma le vit debout, Son sourire s'évanouit. Elle arborait maintenant une expression sévère.

Amma : « Pendant l'*archana*, toutes les divinités viennent. Veux-tu qu'elles te maudissent ? Si tu ne peux même pas te lever le matin, pourquoi rester à l'Ashram ? Tu pourrais aussi bien partir, te marier et vivre heureux. Quand les enfants pleureront nuit et jour, tu devras leur chanter une berceuse et les prendre dans tes bras pour les endormir. Les gens comme toi ne peuvent pas apprendre autrement. »

Amma, partie dans une tirade, n'était pas prête à S'arrêter. « Cela fait combien de jours que tu n'es pas allé à l'*archana* ? »

Le *brahmachari* répondit en chancelant : « Deux jours. » Il ne pouvait lever la tête et regarder Amma. « Tu devrais avoir honte. Même Achamma, qui a plus de soixante-dix ans, se lève à quatre heures et demie. »

Les *brahmacharis*, qui revenaient de l'*archana*, eurent un aperçu du Kali *bhava* d'Amma. Ils se prosternèrent devant Elle. Quand Elle sortit de la hutte, Son humeur changea totalement. L'expression de Son visage devint aimable, souriante, engageante. Elle S'assit près de la hutte de *darshan*, entourée de Ses enfants. Où était la férocité qu'Elle arborait quelques secondes auparavant ? En un instant, Son visage de lotus s'était épanoui en un tendre sourire, plein d'amour.

Amma : « Je lui ai demandé pourquoi il reste ici s'il est incapable de respecter les règles de l'Ashram et de faire sa *sadhana*. J'ai dû lui faire de la peine. Il est douloureux pour Amma de vous gronder, mais ce sont Ses réprimandes, plus que Son amour, qui éliminent les impuretés en vous. Si Amma ne manifeste que de l'amour, vous ne chercherez pas à l'intérieur. Si Amma vous dispute, c'est uniquement par amour, par compassion. C'est le véritable amour. Si Amma vous punit, vous serez peut-être contrariés, mais Elle le fait pour affaiblir vos *vasanas* et éveiller le Soi. Il est impossible de détruire les *vasanas* sans provoquer un peu de souffrance.

« Le sculpteur entame la pierre au ciseau, non parce qu'il est en colère contre elle, mais pour qu'émerge sa véritable forme, cachée à l'intérieur. Le forgeron chauffe le métal et le frappe pour lui donner la forme désirée. Ainsi, pour qu'un abcès guérisse, il faut appuyer pour en faire sortir le pus et le médecin doit parfois l'ouvrir. Un témoin de la scène pourrait croire que le docteur est cruel. Mais si, par affection pour le patient, il se contente de mettre du désinfectant sans ouvrir l'abcès, celui-ci ne guérira pas. De même, les réprimandes et la discipline du *guru* seront peut-être un peu douloureuses pour le disciple, mais son seul but est de détruire les *vasanas*.

« Mes enfants, si une vache mange un jeune plant de cocotier, il est inutile de lui dire gentiment : « Ne le mange pas, chère vache. » Par contre, si vous lui criez : « Ouste, va t'en ! » elle arrête et s'en va. Les paroles d'Amma doivent avoir l'effet nécessaire et vous transformer. C'est pourquoi Elle prend parfois un ton aussi sévère. »

Qui d'autre qu'Amma est là pour aimer et disputer les résidents de l'Ashram, et même pour brandir le bâton et leur en faire tâter si nécessaire ? Tel était leur sentiment.

Elle garda un moment le silence, puis reprit : « Mes enfants, si vous êtes contrariés, Amma ne vous grondera plus. Elle aime vous voir heureux et ne veut pas vous faire de peine. »

À ces mots, le cœur des *brahmacharis* palpita. Chaque fois

qu'Amma les réprimandait, leur amour pour Elle devenait plus profond, leur lien avec Elle plus fort.

Amma Se leva et Se dirigea vers le réfectoire, tout en continuant à parler aux *brahmacharis* qui la suivaient comme Son ombre.

Amma : « Ce n'est pas pour vous blesser qu'Amma prend un ton sévère. C'est pour que vous voyiez vous-mêmes la force de votre lien avec Elle. Seuls ceux qui sont prêts à accepter de se faire battre et même tuer progresseront. Un *brahmachari* est destiné à porter le monde entier sur ses épaules et ne doit pas faiblir pour de petites choses. Je vais réellement secouer Mes enfants. Ceux qui ne désirent rien d'autre que réaliser le Soi resteront, les autres partiront. »

Histoires anciennes

C'était l'heure des *bhajans* dans le *kalari*. Depuis plusieurs jours, Ottour espérait passer un moment avec Amma. Il marcha lentement vers la chambre d'Amma et fut très heureux de La voir. Elle lui prit la main pour le faire asseoir à côté d'Elle. Il se prosterna et mit la tête sur Ses genoux, comme un petit bébé. Amma lui caressa affectueusement le dos. Le neveu d'Ottour, Narayanan, et un autre *brahmachari*, étaient également présents.

Relevant la tête, le vieil homme dit : « Les *brahmacharis* me racontent des histoires d'autrefois. Je regrette de ne pas avoir eu la chance d'être témoin de ces scènes. Mais je serais satisfait si Tu me les racontais. Ils m'ont dit que Ta famille T'attachait pour Te battre. En entendant cela, j'ai tout de suite songé au petit Ambadi Kanna. *(Un des noms de Krishna enfant. Krishna dérobait du lait et de la crème ; Sa mère voulut un jour L'attacher et Le battre.)* Pourquoi Te battaient-ils ? »

Amma rit et Se mit à raconter : « À l'époque, Amma apportait de quoi manger aux pauvres du voisinage, même s'il Lui fallait voler de la nourriture chez Elle. C'est pourquoi on La battait. Amma allait de maison en maison et recueillait les épluchures de tapioca et l'eau de riz pour nourrir les vaches. Dans la plupart de ces maisons, les gens souffraient de la faim et Amma éprouvait beaucoup de compassion envers eux. Chez Elle, quand personne ne La voyait, Elle mettait dans un récipient un peu de riz bouilli. Puis Elle faisait semblant d'aller chercher de l'eau de riz et apportait le riz aux affamés. Dans certaines familles, on laissait les grand-mères sans savon ou autres produits nécessaires. Amma leur apportait du savon de chez Elle. Elle lavait aussi leur linge. »

Ottour : « Oh ! Ces gens devaient avoir accumulé bien des mérites dans leurs vies précédentes pour pouvoir ainsi participer aux *lilas* d'Amma ! »

Amma : « Amma faisait tout cela, enfant, mais ensuite Elle ressentit un détachement absolu, universel. Elle n'aimait pas que quiconque approche et dérange Sa méditation. Elle éprouvait de l'aversion envers tout. Elle ne supportait pas même Mère Nature. Elle haïssait jusqu'à Son propre corps, le mordait et le blessait, allant jusqu'à S'arracher les cheveux. Elle ne Se rappelait que plus tard qu'Elle avait agi ainsi. »

Ottour (surpris) : « Tes parents le voyaient-ils ? »

Amma : « Quand le père d'Amma La voyait pleurer très fort, il venait et La prenait sur son épaule. Il n'avait pas la moindre idée de ce qui La faisait agir ou pleurer ainsi. Un jour, Amma lui dit : « Emmène-Moi dans un endroit isolé, emmène-Moi dans les Himalayas ! » Et Elle Se mit à pleurer. Amma était alors très jeune. Son père La prit sur son épaule pour qu'Elle arrête de pleurer et Lui dit : « Je T'y emmènerai bientôt. Viens dormir, maintenant, mon enfant ! »

Amma partit soudain dans une profonde extase. Ses mains, immobiles, formaient un *mudra* mystique. Seuls le rythme et l'harmonie des *bhajans* venaient rompre le silence.

Amba Mata Jaganmata...

Ô Mère divine, Mère de l'univers,
Ô Mère si courageuse,
Toi qui accordes la vérité et l'amour divin !
Ô Toi qui es l'univers même,
Incarnation du courage,
De la vérité, et de l'amour divin...

Le *bhajan* atteignit son apogée et les *brahmacharis* étaient entièrement plongés dans le chant, oubliant tout. Amma restait en extase. Lentement, le chant se termina. Il y eut un silence, puis l'harmonium préluda au *kirtan* suivant. Amma sortit peu à peu de *samadhi* et retrouva Son état habituel. La conversation reprit.

Ottour : « Quel âge avais-Tu alors ? »

Amma : « Sept ou huit ans. Le père d'Amma La tenait sur Son épaule et marchait. N'avait-il pas promis de L'emmener dans les Himalayas ? Elle y croyait absolument, comme n'importe quel enfant, et Elle finit par S'endormir sur son épaule.

Quand Elle Se réveilla, Elle Se remit à pleurer, car il n'avait pas tenu sa promesse. À l'époque, ce n'était pas facile pour Acchan. Je méditais la nuit dans la cour, assise, sans dormir. Il veillait aussi et me surveillait. Il avait peur de laisser sa fille seule dehors la nuit.

« Amma allait chercher des branches pour nourrir la chèvre. Il y avait un grand arbre qui surplombait l'eau. Elle y grimpait et S'y asseyait. Tout à coup, Elle avait le sentiment d'être Krishna, assise dans l'arbre et balançant les jambes. Tout naturellement, Elle émettait le son de la flûte. Comme Elle cassait des branches et les jetait à terre, d'autres filles venaient les ramasser et Amma imaginait que c'étaient des *gopis*. Ces pensées Lui venaient spontanément. Elle Se demandait Si Elle était devenue folle.

« Sa famille n'aimait pas qu'Elle Se mêle aux autres filles ; Amma allait donc d'ordinaire seule chercher de l'eau. Un jour, Elle grimpa dans le banian et S'allongea sur une branche, comme le dieu Vishnou sur le serpent Ananta. La branche était très fine, mais elle n'a pas cassé. Cet arbre est toujours là, sur la plage. »

Ottour : « Tu grimpais et T'allongeais sur une mince branche ? »

Amma : « Oui. Comme le Seigneur Se repose sur Ananta. Ceux qui l'ont vu disent qu'il y avait différentes couleurs sur le corps d'Amma. Elle n'en sait rien. C'était sans doute l'effet de leur foi. Aujourd'hui, Amma ne peut pas même songer à ce monde. »

Ottour : « J'aimerais entendre l'histoire du *panchamritam*. »

Amma : « Amma a laissé faire les sceptiques. Elle n'a tou

ché à rien. À l'époque beaucoup de gens doutaient d'Elle. Le *bhava darshan* venait juste de commencer. Amma a demandé à quelques-uns des opposants d'apporter de l'eau, et ils en apportèrent une cruche. Elle leur a demandé d'imaginer que l'eau se transformait. Et au même moment, dans leurs mains, l'eau fut changée en *panchamritam*. »

C'était la fin des *bhajans* dans le *kalari*. L'écho du *mantra* invoquant la paix retentissait.

Om purnamadah purnamidam
purnat purnamudachyate
Purnasya purnam adaaya
purnam evavashishyate
Om shanti, shanti, shantihi
Om shri gurubhyo namah !
Harihi Om !
Cela est le Tout, ceci est le Tout ;
C'est du Tout que le Tout émerge ;
Si l'on ôte le Tout du Tout,
Le Tout demeure.
Paix, Paix, Paix !
Salutations aux *gurus* !
Hari Om !

Le silence régna quelques instants. Puis, la cloche de l'*arati* se fit entendre. Narayanan aida Ottour à se lever et ils sortirent pour assister à l'*arati*. Le *brahmachari* regagna sa chambre, rempli de respect sacré et de gratitude. Il avait été témoin de cette scène, où la dévotion d'une part et une profonde affection maternelle pour le dévot de l'autre se mariaient dans une belle harmonie.

OM